—— 주루이

중국 런민대학교 철학과의 '걸출학자(杰出学者)' 초청교수이자, 중국 런민대학 철학과 인지과학 교차 플랫폼 수석 전문가이자 박사 과정 지도 교수였다. 그는 철학, 예술학, 신경생물학, 심령철학, 신경미학, 비교철학, 고대 그리스 철학 등 다양한 분야를 넘나들며 뛰어난 연구 성과를 이루었다.

삶의 마지막 봄과 여름 동안 투병 중에도 강의를 하며 자기와 생명, 죽음에 대한 심오한 사유활동을 진행한 일이 〈신화사〉, 〈인민일보〉, 〈광명일보〉 등 언론매체를 통해 널리 알려졌다.

—— 하진이 옮김

원광대학교 중문과를 졸업, 북경사범대학교에서 석사 학위를 받았으며, 대만 사범대학교에서 수학했다. 현재 번역 에이전시 엔터스코리아에서 출판기획 및 중국어 전문 번역가로 활동하고 있다. 번역은 단순히 텍스트를 옮기는 것이 아니라 언어 속에 담긴 사회문화적 맥락 그리고 번역자의 창조적 해석이 반영되어야 한다는 생각으로 번역작업에 임하고 있다. 주요 역서로는 『가장 나다웠던 인생의 한 페이지』, 『마음 헤아리기 수업』, 『한 번이라도 끝까지 버텨본 적 있는가』 등이 있다.

철학자의 마지막 수업

THE LAST CLASS OF

철학자의
마지막 수업

THE PHILOSOPHER

주루이 지음 | 하진이 옮김

니들북

주루이 촬영, 우리의 시신경은 색깔을 구별함으로써 내가 사는 세계의 구조를 세운다.

생명은 생명 활동을 향유하는 개체의 관점에서 보면 분명한 '한계성'을 지니지만, 그 생명체를 만들어낸 유전자의 관점에서 다시 보면 '영속성'을 지닌다. 지구의 생명은 태초부터 지금까지 단 한 차례도 끊김 없이 이어져 왔다. 죽음을 앞둔 마지막 열흘 동안, 삶을 찬미하고 분석한 철학자 주루이도 죽음은 생명의 소멸이 아니라 순환으로 이어지는 순간이라고 가르친다.

죽음에 대한 두려움과 삶에 대한 욕망 사이에서 담담하게 자아를 지켜내는 게 삶이다. 죽음을 이해하기 위해 철학이 탄생했다지만, 몽테뉴의 『좋은 죽음에 관하여』 이래 이처럼 죽음을 정면으로 직시하며 현재의 삶을 읽어내는 책은 드물다. 좋은 죽음 연습을 위해 누구나 한 번쯤 읽어 보면 좋을 책이다.

생태학자, 최재천

타고 있던 비행기가 난기류에 휘말렸을 때 주루이 교수는 다짐했다. 나 살자고 옆자리 노부부의 몸을 짓밟는 일만큼은 하지 말자고. 어떻게 죽을 것인가라는 질문이 무엇을 의미하는지, 죽음 앞에 놓인 우리에게 어떤 자유가 있는지, 이보다 더 명쾌하고 설득력 있는 일화를 나는 전에 들은 적이 없다.

주루이 교수의 죽음 수업은 이처럼 구체적이고 이해하기 쉬운 대신 그 이야기를 들은 사람의 변화를 요구한다. 그래서 『철학자의 마지막 수업』을 읽는 일은 깨치고 다짐하는 경험의 연속이었다. 힘 있고 따뜻한 메시지가 꼭 나 한 사람에게 들려주는 것처럼 개인적으로 다가왔다. 어떻게 죽을 것인가, 곧 어떻게 살아야 하는가를 고민하는 모든 이에게 이 책을 추천한다.

소설가, 장강명

허구가 아닌 전기문으로서의 죽음에 대한 보고서라는 것과 철학자가 바라본 죽음과 죽음의 과정을 이분법적 시선으로 바라봤다는 점에서 이 책은 특별하다.

그러나 무엇보다 삶의 막바지 한 달 동안 차분하게 삶과 죽음에 대해 동서양 철학과 예술을 넘나들며 자신이 벼려온 사유와 태도를 이렇게 담담하고 치열하게 서술한 것을 본 적이 있는가? 죽음과 대면하면서 삶을 관찰하고 예술을 비롯한 다양한 경험과 사유를 다질 수 있다는 건 경이롭다. 그것은 '현재의 몸'에 대한 이해를 바탕으로 죽음에 대한 두려움을 털어내고 현재와 인생을 바라보는, 인간으로서의 위대한 선택이다. 감상(感傷)이 아니라 사유와 판단이 철학의 본질이라는 것을 그는 죽음을 앞에 두고 거듭 성찰한 셈이다.

따라서 이 책은 삶과 죽음이 분리된 것이 아니라 죽음을 통해 삶을 더 진솔하고 치열하게 성찰할 수 있다는 것을 자신의 삶과 죽음의 과정으로 보여준 한 철학자의 선물 같은 기록이다.

인문학자, 김경집

50대 중반의 철학자 주루이가 어느 날 말기 위암 선고를 받는다. 장폐색과 차오른 복수로 육체의 고통을 겪으면서도 그는 '죽음의 방문'을 반겼다. 철학자는 왜 죽음을 두려워하지 않을까? '죽어가다'와 '죽음'은 어떻게 다른가? 산소호흡기를 떼기 열흘 전, 그는 한 청년을 불러 인터뷰를 진행한다. 삶과 죽음의 공유지에서 깨달은 철학자의 지혜는 남은 자들을 위한 가장 귀한 선물이었으므로.

『철학자의 마지막 수업』을 읽는 내내, 나는 이어령 선생과 함께 했던 마지막 시간을 떠올렸다. 독배를 들면서도 즐거워했던 소크라테스의 죽음 수업이 또 다른 층위의 아름다움으로 갈피마다 굽이쳤다. 특별히 죽음을 두려워하지 않는 철학자가 죽어가며 깨달은 행복을 가슴에 담아두고 싶다. 영혼을 담은 작별의 대화, 햇빛 비치는 거리, 달콤한 과즙을 삼키는 것, 살아보니 튼튼한 위를 가진 것보다 더 좋은 인생은 없으며, 평범하면서도 본받을만한 사람이 되기 위해 최선을 다해야 한다고. 부디 독서와 여행, 예의와 유머를 쌓는 데 시간을 쓰라고.

그의 희망대로 이 책은 죽음에 대한 불필요한 두려움을 없애는 데 큰 도움을 준다. 그런데 다 읽고 나면 진실하게 사는 법을 깨닫고 눈물이 난다. 『모리와 함께한 화요일』, 『이어령의 마지막 수업』을 잇는 다정한 죽음 수업으로, '철학자의 마지막 수업'을 권한다.

인터뷰 작가이자 『이어령의 마지막 수업』의 저자, 김지수

서양에 모리 교수와의 대화가 있다면, 이제 동양에는 주루이 교수와의 대화가 있다. 온몸을 허물어뜨리는 암의 고통 속에서도 초연

 철학자의 마지막 수업

하고 우아하게 동료 인간들을 위해 죽음과 삶의 철학을 설파하는
주루이 교수의 글에서 나는 죽음이 마냥 슬퍼할 일만은 아니라는
것을, 삶과 죽음의 건강하고 자연스러운 순환을 품위 있게 받아들
이는 법을 배웠다.

생의 마지막 열흘 동안 죽음과 삶에 관한 저자의 생각과 대화를 담
은 이 책 『철학자의 마지막 수업』은 앞으로 오랫동안 죽음 에세이
의 정전으로 자리 잡을 것이다. 이토록 담대하고, 기품이 넘치며,
도저하게 흐르는 에세이가 작가의 유작이라는 사실이 그저 안타깝
고 슬플 뿐이다.

『죽음을 인터뷰하다』의 저자, 박산호

생명에 있어서 죽음은 일종의 과정이다. 인간에 있어서 죽음은 특
별한 의미를 지니고 있다. "아침에 도를 들으면 저녁에 죽어도 좋
다."라는 성현의 말이 과연 어떠한 것인지가 주루이의 작품 속에
잘 드러나 있다.

이예(尹燁), 화둥사범대학 수석 집행관, 생물학 박사

주루이 교수님은 '죽음을 집으로 돌아가는 것'처럼 받아들인 철학
자 소크라테스의 기풍을 이어받아, 생명의 마지막 시간까지 지혜
에 대한 뜨거운 사랑을 실천했다. 아무런 두려움 없이 죽음을 마주
하고, 생동감 넘치는 철학적 실천으로 교수 생애 가장 감동적이고
심오한 마지막 수업을 완성했다.

류칭(劉擎), 화둥사범대학교 정치철학과 사상사 교수

『철학자의 마지막 수업』은 주루이 교수가 남긴 마지막 작품이다. 이 책을 읽다 보니 마치 그가 강단에 서서 강의하던 모습을 보는 듯했다. 학생들 앞에서 미소를 잃지 않는 그에게서는 죽음에 대한 두려움이나 슬픔은 찾아볼 수 없었다. 그러한 그에게 깊은 존경심이 드는 한편, 생명의 본질을 꿰뚫은 그의 철학 사상을 느낄 수 있었다.

이 책은 주루이 생명 깊은 곳의 철학적 경지에 근원을 두고 있으며, 이 세상에 대한 철학자의 깊은 애정과 용기, 그리고 자기 자신과 세계에 대한 신념을 상징한다. 깊은 자기 성찰을 거치지 않은 삶은 가치가 없다는 것을 알려주기도 한다.

짱펑위(臧峰宇), 중국 런민대학교 철학대학 학장

삶의 마지막 열흘 동안 주루이가 남은 이들에 대한 크나큰 사랑을 보여주었던 이 시기는, 사실 그에겐 신체적 존엄을 빼앗긴 고통스럽고 절망스러운 시간이기도 했다. 그런데 어떻게 이토록 즐거운 마음으로 인성의 존엄을 지키며 다가오는 죽음을 맞이할 수 있었을까? 생명 개체의 소멸은 그저 끝없이 순환하는 자연으로 돌아가는 것에 불과하며, 또 '나의 죽음은 다른 사람의 삶이고, 다른 사람의 삶은 나의 죽음으로 구현된다.'라는 깨달음을 통해 아무런 두려움 없이 '죽음을 향해 존재한다.'는 철학적 지혜를 익혔다. 실천적인 사상가로서 자신의 삶으로 써 내려간 이 생명의 교향곡은 이 세상 모두가 귀를 기울일 가치가 있다.

류샤오리(劉曉力), 중국 런민대학교 철학대학 교수

주루이는 한마디로 정의하기 힘든 사람이다. 그는 철학자인지, 시인인지, 예술가인지 아니면 트래킹 애호가인지 알 수 없을 정도로 진정 자유로운 영혼의 소유자였다. 그와 동시에 책임감이 대단히 강한 사람이었다. 투병 중에도 대학원 수업을 마지막까지 즐겁게 완수했다. 이러한 자유와 책임감의 조화는 그의 생명에 대한 열정에서 비롯되었다. 열정이 없는 책임감은 부담이고 고역이지만, 열정에서 솟아나는 책임감은 깊은 만족감을 준다. 나는 자유와 책임감, 열정으로 주루이를 정의 내리려는 것이 아니다. 그 반대로 주루이는 그의 삶을 통해 자유, 책임감, 열정이 무엇인지를 정의했다. 이 책은 주루이이 담긴 생명의 책으로서 그가 대단히 훌륭한 삶을 살다 갔음을 보여준다.

저우렌(周濂), 중국 런민대학교 철학대학 교수

주루이에게 죽음은 생명의 소멸이 아니라 생명의 전환이었다. 이는 우리에게 생명의 의미를 다시금 생각하게 해주었다. 죽음을 초월하는 방법은 매순간 충실하게 살아내는 것이다. 바로 그런 의미에서 주루이가 임종 직전에 남긴 마지막 수업은 죽음을 단순한 끝이 아닌 삶의 가장 완성된 형태로 승화시킨다.

메이젠화(梅劍華), 산시대학교 철학대학 교수

주루이가 우리에게 남기고 간 것들

우리가 극복해야 할 것은 지성의 어려움이 아니라 의지의 어려움이다.

루트비히 비트겐슈타인(Ludwig Wittgenstein)

주루이(朱鋭)가 우리 곁을 떠난 지 벌써 반년이 훌쩍 지났다. 친구들과 교수님, 학생들을 만날 때마다 우리는 여전히 그를 떠올리며 이야기를 나눈다. 그에 관한 모든 것이 우리 대화의 주제가 되었다. 마치 책을 읽고서 이해하지 못한 부분을 반복해서 곱씹는 것처럼 말이다. 주루이는 어떻게 그토록 커다란 생에 대한 열정을 지녔으면서도, 죽음을 전혀 두려워하지 않을 수 있었을까? 일반적으로는 생에 대한 의지와 열정이 클수록 죽음이 더 두려운 것이 당연하게 여겨진다. 그러나 그가 생의 마지막 순간에 평온하고 담담하다

못해 진심으로 기쁜 표정으로 죽음을 맞이했을 때, 도리어 우리는 그에게서 어느 때보다 커다란 생명력을 느꼈다. 주루이가 우리에게 남겨준 인상은 독특한 긴장감이었다. 그를 회상할수록, 더 깊이 느낄수록, 그 긴장감은 줄어들지 않았다. 오히려 더욱 선명해졌을 뿐 아니라 깊어졌다.

당신이 지금 읽고 있는 이 책은 철학자 주루이가 임종을 맞기 전 열흘 동안 남긴 구술을 정리한 것이다. 2024년 7월 12일 주루이는 병실을 하이덴 병원의 호스피스 병동으로 옮겼다. 당시 모든 의료적 치료가 더 이상 무의미한 상태였다. 심각한 장폐색과 차오른 복수로 인해 음식 섭취도 불가능해서 영양액을 주입하며 겨우 생명을 유지했다. 의사는 그에게 암세포가 마지막 방어선을 뚫었으며, 그의 생명은 지금 언제든지 끝날 수 있는 위태로운 상황에 처해 있다고 말했다. 남은 시간이 정말로 얼마 없었다. 주루이는 마지막으로 삶과 죽음에 대한 그의 철학적 사고를 많은 사람과 공유하기로 했다.

"대화는 가장 좋은 작별 방식이다." 주루이는 젊은 기자 제이훙과 인터뷰를 약속했다. 7월 15일부터 매일 오후 11

시 반, 삶과 죽음을 주제로 대화를 나누기로 했다. 주루이가
가족들과 온라인 가족회의를 하던 날을 빼고 인터뷰는 열
흘 동안 진행되었다. 7월 25일 인터뷰를 마치고 주루이는
생명유지 장치를 떼기로 결정했다. 8월 1일 철학자 주루이
가 미소를 머금고 호흡을 멈췄다. 향년 56세였다.

철학을 평생의 업으로 삼다

내가 처음 주루이를 만난 것은 2020년 중국 런민대학교에
부임하고서였다. 우리는 연구 방향이 비슷한 데다 서로 뜻
이 잘 맞아서 자주 강의를 함께하곤 했다. 강의 중에는 서
로 의견이 맞아 공감하기도 하고, 또는 반박하며 논쟁하기
도 했다. 그리고 강의가 끝나면 함께 식사하고 산책하며 대
화를 나눴다. 대화의 주제는 늘 우리가 깊이 사랑하는 철학
에서 벗어난 적이 없었다.

　세상의 철학자라는 이들을 모아 두 부류로 나눈다면, 하
나는 단순히 철학을 직업으로 삼는 사람이고, 다른 하나는

　　　　　　　　　　　　　철학자의 마지막 수업

철학을 평생의 업으로 삼는 사람일 것이다. 주루이는 의심할 여지 없이 후자에 속한다. 그래서 전자의 기준으로 볼 때 주루이는 너무 한가로우면서도 또 다른 한편으로는 지나치게 헌신적이다.

주루이와 친한 사람이라면 그가 자연 탐험에 경험이 풍부하고 진심이라는 것을 알고 있다. 강의가 없는 날이면 그는 어김없이 산으로 가서 밤낮없이 트래킹을 했다. 친구들이 함께 가자고 해도 그는 대체로 거절했는데, 언젠가 그 이유를 설명해 준 적이 있다. 그의 걸음걸이가 빨라서 동행하는 친구들 대부분이 그를 따라잡지 못한다는 것이었다. 하지만 더 중요한 이유는, 그는 트래킹 하면서 사색을 즐겼는데, 깊은 사색에는 반드시 절대적인 고독이 필요하기 때문이다. 그는 깊은 밤 홀로 트래킹을 하며 본 풍경을 이렇게 묘사했다.

'사방을 둘러봐도 온통 깊은 심해와 같은 어둠으로 뒤덮여 있고, 인류사회의 빛이나 소리는 흔적조차 찾아볼 수 없다. 칠흑 같은 어둠 속에서 이따금 태블릿으로 무언가를 읽거나 쓰려고 할 때 잠깐 빛이 깜박이는 것이 전부다.'

그가 소중히 여기는 철학적 사고들은 이처럼 밤낮을 가리지 않고 끝없이 이어지는 고독한 여정 속에서 탄생했다. 그 이야기를 들려줄 때 그의 얼굴에 떠오른 도취한 표정을 나는 아직도 생생히 기억하고 있다. 그 순간 나도 감동하였는데, 그것이 그의 순수한 기쁨 때문인지 아니면 고독한 용기 때문인지는 알 수 없었다.

주루이에게 감동한 사람은 나 하나만이 아니었다. 주루이가 지도하던 학생들은 물론 나까지도 그의 폭넓은 인간관계에 매우 놀란 적이 있다. 주루이는 날카롭고 명석한 데다 호불호가 뚜렷한 사람이었다. 그는 학생들과 이런 이야기를 하며 그의 인생 경험을 공유하기를 즐겼다. "우리는 고독을 배우고, 고독한 사색가가 되어야 한다." 평소 이런 말을 입버릇처럼 하던 사람이 뜻밖에도 세계 곳곳에 수많은 친구를 두고 있다는 것이 너무 의외지 않은가?

그러나 어느 해 「고독한 영웅」이라는 노래가 유행하면서 나는 그 의문에 대한 답을 찾을 수 있었다. 사실 '고독한 영웅'이 거리 곳곳에서 들려오는 국민 애창곡이 된 것도 어떤 면에서는 아이러니다. 우리는 바로 이 점을 깊이 생각해

봐야 한다. 진정으로 용감한 사람은 분명 고독도 서슴지 않으며, 더 나아가 고독을 즐길 것이다. 그렇다고 해서 용감한 사람이 반드시 고독에 휩싸인 외로운 사람이라는 뜻은 아니다. 무릇 사람들 마음속에 누구에게나 '고독한 영웅'이 숨어 있다고 누가 그랬는가? 교활함과 비열함으로 무장한 처세술이 있어야만 사회생활을 잘하고 친구를 사귈 수 있다고 누가 그랬는가?

루원이라는 학생은 주루이의 첫인상을 이렇게 묘사했다. "주루이 교수님은 가던 길을 멈추고 뒤돌아보게끔 하는 남다른 분위기를 가진 분이었습니다. 단정하고 유능하며 활력이 넘쳤어요. 곱슬곱슬한 헤어스타일에 한 손에는 커피를 들고 힘차게 걸어 다니셨죠. 그 모습은 꼭 자유롭고 자신감 넘치는 태도로 망설임 없이 목표를 향해 나아가는 소년 같았어요." 그렇다. 주루이의 활력은 언제나 전염력이 강했다. 주변 사람들에게 그의 열정에 전염되었다기보다는, 그의 존재 자체가 우리 마음속의 자유롭고 두려움 없는 '나'를 일깨우도록 독려했다.

그렇다면 철학을 직업으로 삼는 것과 평생의 업으로 삼

는 것에는 어떤 차이점이 있을까? 나는 전자는 타인을 위해 학문을 하는 것이고, 후자는 자기를 위해 공부하는 것이라고 대답하고 싶다. 가령 철학을 단순한 직업이 아니라 평생의 업으로 삼는다면, 그것은 곧 우리가 먼저 자기 내면의 소리에 귀를 기울이고 철학적 사고의 어려움을 정리해야 한다는 것을 의미한다. 그것은 곧 우리에게 가장 중요한 일은 다른 사람이 제기하는 문제에 대한 해답을 마련하는 것이 아님을 의미한다. 즉, 다른 사람을 교육하는 문제가 아닌 자기 내면의 평온을 찾는 문제가 가장 중요하다는 것. 그리하여 철학은 우리에게 제아무리 심오한 사유활동이라도 더 이상 고된 정신적 노동이 아니라 마음의 해방이 된다. 또한, 우리가 내면의 고독 속에 깊게 파고들수록 철학적 사상과 보다 깊은 결합과 공명을 이룰 수 있다.

그렇다면 철학을 직업으로 삼을 것인가 아니면 평생의 업으로 삼을 것인가? 나는 둘 중의 어느 한쪽을 편들고 싶지 않지만, 솔직한 심정으로는 주루이 즉, 후자의 편에 서고 싶다. 이 점에 대해 주루이와 나는 깊은 공감대를 형성했다. 돌이켜 생각해 보면, 우리의 우정은 아마도 "철학이

 철학자의 마지막 수업

란 자기를 위한 학문이다."라는 대화에서부터 시작된 것 같다. 우리는 둘 다 서로를 좀 더 일찍 만나지 못한 것이 원통할 정도로 급속도로 친해졌다. 그리고 좀 더 시간이 지나고, 주루이의 철학적 사고의 뼈대를 좀 더 포괄적으로 이해하고 나서는 철학 연구에 있어서는 그가 나보다 훨씬 단호하다는 사실을 깨달았다.

그의 관심사는 전공에 국한되지 않았다. 그는 중국 선진(先秦) 시대에서 고대 그리스 신화까지, 고전문학에서 현대문학까지, 인지과학에서 현대미술까지, 형이상학에서 신경 미학까지 다양한 지적 영역을 자유롭게 넘나들었다. 그가 철학 학술지에 발표한 영시는 철학 학술지에는 시 작품을 싣지 않는다는 규칙을 깨뜨렸다. 그가 시 속에서 탐구한 것은 플라톤의 '기술' 이론이었다. 주루이는 오늘날 철학을 연구하는 석학들 사이에서 상당히 보기 드문 존재였다. 풍부하고 역동적인 감성과 생명력의 교향곡처럼, 마치 거울처럼 그는 나 자신을 더욱 깊이 성찰하게 해주었다. 나는 왜 철학적 사고를 하는가? 무엇을 위해 학문을 전달하려고 하는가? 내가 전력질주로 나아가야 할 방향은 어디인가? 그것은 경멸의 사슬[1]에서 표준 인증을 받은 높은 지위인가? 아니면 격식에 얽매이지 않은 영감과 통찰력인가?

죽음을 알지 못하면서 어찌 삶을 알겠는가

2022년 여름, 주루이는 예기치 못하게 직장암 말기 진단을 받았다. 하지만 병은 그의 기세와 활력을 전혀 꺾지 못했다. 주기적인 화학치료와 방사선 치료를 받으면서도 주루이는 계속해서 강단에 섰다. 그의 말을 빌리자면, 그는 "그저 살기 위한 삶"은 받아들일 수 없다고 했다. 우리 각자에게 절실하게 다가왔던 일련의 화제는 그가 확진 받은 뒤 런민대학교에 개설한 강의의 핵심 주제가 되었다. 우리가 죽음을 떠올릴 때 느끼는 두려움은 어떻게 이해해야 할까? 그리고 그 두려움에 어떻게 맞서야 할까? 어떻게 하면 죽음과 두려움에 대한 사색을 통해 생명을 좀 더 잘 이해할 수 있을

---

[1] 우월감과 경멸의 태도가 하향 전이되는 현상-역주

　　철학자의 마지막 수업

까? 나는 운 좋게 강의의 전 과정에 참여하게 되었고, 제이홍광중신출판그룹의 편집자 천쯔모 덕분에 강의 내용을 이 책에 실을 수 있게 되었다. 그리고 그 내용은 마지막 열흘간의 인터뷰와 자연스럽게 연결됐다.

앞에서 나는 "우리 각자에게 절실하게 다가왔던" 화제라고 단언했는데, '각자'란 모든 젊은이, 모든 건강한 사람, 그리고 철학에 눈곱만큼의 관심조차 없던 이들까지 포함하고 있다. 이렇게 생각하는 사람도 있을 것이다. 만일 당신이 젊고 건강하며 아무런 근심 걱정도 없다면, 왜 굳이 죽음과 두려움에 대해 생각해야 하는 걸까?

가장 쉽고 명확하게 답하자면, 당신이 이미 이 문제에 관심을 기울이며 사색하고 있기 때문이다. 그건 여느 생물과 비교했을 때 인간의 가장 도드라지는 특징이다. 우리는 죽음을 관념적으로 이해하고, 사색하며, 두려워하는, 유일한 생물이다.

모든 생명체는 죽음을 피하려는 생존 본능을 가지고 있다. 하지만 주루이는 동물의 두려움은 스트레스성인 데 반해 인간의 두려움은 예측성 두려움이라는 점을 지적했다.

동물은 구체적이고 물질적인 현상에만 반응한다. 예를 들어, 어느 과학자가 집에서 키우는 고양이의 털이 옷에 묻은 채 생쥐 실험을 하다 실험 결과에 모두 오류가 생긴 적이 있었다. 고양이 털이 생쥐에게 두려움을 촉발한 것이다.

동물과 달리 인간은 추상적이고 관념적인 측면에서 사물에 흥미를 느끼며, 그로 말미암아 상처를 입기도 한다. 가령 겨울에는 따뜻하고 여름에는 시원한 방은 물리적인 의미에서는 절대적으로 안전한 생존환경이다. 하지만 그런 환경에서도 인간은 최근에 들려오는 회사 정리 해고 소식에 불안에 떨며, 미래의 '생존'과 '일자리' 등의 문제로 걱정에 휩싸이기 마련이다. 여기서의 '생존' 혹은 '파멸'은 상당히 관념화된 개념이다. 다소 우회적일지라도 생물학적 관점에서 보면 삶과 죽음의 문제와 전혀 무관하다고 볼 수도 없다. 어찌 됐든 관념적인 죽음에 대한 두려움은 우리 개개인의 삶에 과소평가할 수 없을 정도로 만연한 깊이와 폭을 형성하고 있다.

주루이는 '죽어가다(dying)'와 '죽음(death)'의 차이점을 제시하며 한층 뚜렷한 구분을 이끌어냈다. '죽어가다'는 생

 철학자의 마지막 수업

명체가 삶의 마지막 단계를 경험하는 과정이다. 반면에 '죽음'은 전체 생명 과정의 종점이다. 죽어가는 과정은 어쩌면 고통스럽고 지지부진할 수 있다. 이와는 대조적으로 그 어떤 생명체도 유형적인 의미에서 죽음을 체험하지도 느낄 수도 없다. 이유는 간단하다. 생명체에 감각이 살아 있는 것은 아직 죽음이 오지 않은 상태까지다. 그리고 죽음이 찾아왔을 때는 감각을 느낄 생명체가 이미 소멸한 상태다.

이는 미묘하면서도 대단히 새롭고 고무적인 구분법이다. 이로써 우리는 인간과 동물의 차이점을 한층 명확히 구분할 수 있게 되었다. 동물은 단지 '죽어가다'에 대한 두려움만 있을 뿐이다. 눈으로 볼 수도 손으로 만질 수도 없는 '죽음'에 대해서는 이해도 못할뿐더러 두려움조차 없다. 다시 말해서 죽음은 오로지 인간에게만 두려움의 대상이라는 뜻이다. 노동자들은 자신들을 소나 말에 비유하곤 하지만, 실제로 소와 말은 닥치지 않은 죽음의 위협을 두려워하지 않는다. 예를 들어, 사자가 얼룩말을 잡아서 뜯어먹고 있는 근처에서 얼룩말 무리가 한가로이 풀을 뜯는 모습도 흔히 볼 수 있다. 이와 비교했을 때 인간은 죽음에 대한 두려움에 자주, 또 깊게 고통받는 존재이다. 따라서 어떻게 죽음을 대면해야 하는지, 또 어떻게 죽음이 가져다주는 두려움을 다뤄야 하는지의 문제는, 죽음이 임박해서야 새삼 생각할 주제가 아니다.

'죽어가다'와 '죽음'에 대한 설명을 들으며 어쩌면 죽음은 인간이 상상해 낸 허구라는 느낌을 받을 수도 있다. 하지만 이는 주루이나 내가 말하고자 하는 바는 아니다. 죽음에 대한 인식과 두려움은 인간의 관념 속에 있지만, 그렇다고 관념 속에 존재하는 것이 진실하지 못하거나 혹은 비현실적이라는 뜻은 아니기 때문이다. 반대로 생각해 보면 인간은 본래가 관념의 동물이다. 그래서 관념이 현실의 삶까지도 결정한다.

오늘날 우리의 관념적인 삶은 균열에 직면해 있다. 한편으로는 우리의 삶이 점점 관념화되어 태어나자마자 조기교육 행렬에 줄을 서고, 건강 식단표에 맞춰서 식사하고, 경멸의 사슬 위에서 고군분투한다. 또 다른 한편으로는 우리의 자아 관념이 점점 수동적이 되고, 억압받는 상태에 처하고 있다. 가령 우리는 살기가 힘들다고 한탄하며, 밥을 벌어먹

   철학자의 마지막 수업

기 위해 산다며 자신을 비웃고, 사회생활을 먹이사슬이 지배하는 정글이라 생각한다.

그러나 삶의 진실은, 우리가 살아 있는 대부분의 시간을 죽음으로부터가 아니라 죽음에 대한 두려움으로부터 도망치고 있다는 것이다. 동물의 관점에서 봤을 때 이는 그야말로 불가사의한 일이 아닐 수 없다. 먹이사슬의 맨 꼭대기에서 군림하며 아무런 생명의 위협도 받지 않는 인간이 왜 그토록 기나긴 시간을 죽음에 대한 두려움에 얽매이는 걸까?

인간으로서 우리는 먼저 아무 탈 없이 잘 살아야 한다. 이것은 전제조건이다. 그러나 인간으로서 '잘 산다'라는 것에 대해 지나치게 수동적이고 억압적인 인식을 가지고 있다. 우리는 단지 생존을 위한 경쟁 속에서 살아갈 뿐만 아니라, 자기 삶에 대한 이해 속에서 살아간다. 바로 이 점에서 죽음에 관한 관심과 생명에 관한 관심이 저마다의 방식으로 한데 얽혀서 우리 삶의 핵심을 이루고 있다. 그런 의미에서 생명에 대한 관점은 곧 죽음에 대한 관점이고, 생명에 대한 철학은 곧 죽음에 대한 철학이라고 할 수 있다.

"삶을 알지 못하면서 어찌 죽음을 알겠느냐."라는 옛 성현의 말이 있다. 물론 맞는 말이다. 하지만 나는 관념적 성찰의 의미에서 "죽음을 알지 못하고 어찌 삶을 알겠는가?"라고 되묻고 싶다.

죽음에 대한 두려움의 함정

2024년 봄 학기가 주루이가 중국 런민대학교 강단에 서는 마지막 학기였다. 그는 등산용 지팡이에 의지한 채 걸어야 할 만큼 비쩍 말라서 수업을 이끌기에는 체력적으로 힘든 상태였다. 하지만 그의 어조는 여전히 침착했고, 눈빛은 날카롭고 단호했다. 강의 중에 그는 학생들에게 자신의 말기 암 투병 사실을 솔직하게 털어놓았다.

"만일 내가 강의 중에 쓰러지더라도 슬퍼하지 말고 기뻐하고 자랑스럽게 생각해주십시오. 왜냐하면 철학자는 죽음을 두려워하지 않기 때문입니다."

그렇다면 철학자는 왜 죽음을 두려워하지 않을까? 이것이 바로 이 책의 핵심 줄기이며, 주루이가 생의 마지막 단계에서 진행했던 강의의 가장 중점적이고 도전적인 주제다. 이 주제는 때로는 적나라하게 때로는 은연중에 다른 화제들과 어우러져 공동으로 지향하는 종착점이 되었다. 마치 자석처럼 우리를 이 주제로 끌어당긴 것은 지성적인 난점 때문이 아니라 인간의 모습으로 현현한 신의 이미지 때문이었을 것이다. 이론적인 쟁점은 아직 다듬어야 할 부분이 남았지만, 이 강력한 이미지는 이미 우리를 완전히 설복시켰다. 그렇다, 철학자는 죽음을 두려워하지 않는다.

지금까지도 강단에 서 있던 주루이의 모습이 시시때때로 나의 뇌리에 떠오른다. 주루이를 떠나보내고 감정이 점차 안정되면서 나 자신을 깊이 성찰하고 나서야 더욱 분명하게 깨닫게 되었다. 즉, 이 주제는 이론적인 문제를 다듬고 정리하는 것으로 끝나지 않는다는 점이었다. 만일 주루이가 남긴 철학적 유산을 임종을 앞둔 현자가 세계를 향해 보낸 작별식으로 귀결짓는다면 이는 주루이의 본래 의도에서 크게 벗어난 것이라는 사실을 깨달았다. 생명의 마지막 순간에도 주루이는 어떻게 하면 세상을 위해 좀 더 이바지할 수 있는지 고민했다. 어떻게 하면 마지막 모습을 아름답게 남길 수 있는지 따위에는 관심이 없었다. 그가 바라던 것은 관찰자가 아니라 함께 대화를 나눌 수 있는 동반자였다.

진정한 철학은 자기 자신에게 질문을 던지는 것에서 시작된다. 나는 정말 죽음을 두려워하지 않을 수 있을까? 철학자들은 당연히 그럴 수 있다고, 나는 진심으로 믿고 있는 걸까? 이 주제를 정면으로 마주하기 망설이게 하는 어떤 걱정이나 두려움이 있는 걸까? 이러한 자기 성찰적인 공감형 질문을 통해 나는 한층 깊고 복잡한 곳에 구겨져 있던 생각들이 펼쳐지기 시작하는 것을 느낄 수 있었다. 그 순간 주루이와 보다 깊은 공감대를 형성하는 느낌이 들었고, 또 이 주제를 둘러싼 수많은 함정을 더욱 직접적으로 마주할 수 있었다.

철학자는 도대체 왜 죽음을 두려워하지 않는다는 걸까? 자신이 살날이 얼마 남지 않았고, 희망이 없다는 걸 알기에 무의미한 몸부림을 현명하게 포기하는 걸까? 그런 게 아니다. 왜냐하면 우리가 던지는 질문은 "죽음이 임박한 철학자가 왜 죽음을 두려워하지 않는가?"가 아니기 때문이다. 그렇다면 '특별한 교리'를 가진 소수 단체로서의 철학자는 평범한 사람들이 믿지 않는 것을 믿고, 또 평범한 사람들이 가질 수 없는 방법을 가지고 있어서 자신의 불멸이나 영생을 굳게 믿는 걸까? 물론 그것 또한 아니다. 모든 철학 명제와 마찬가지로 이 문제의 해답은 상식을 넘어선 어떤 신념도 전제하지 않으며, 그저 사색하기를 좋아하는 모든 이들에게 열려 있다. 바꿔 말하면, 여기서 단언하는 것은, 철학자처럼 사색하고 느낀다면, 개개인 모두가 원칙적으로 죽음에 대한 두려움에서 벗어날 수 있다는 것이다.

만일 두려움을 없애는 방식을 두 가지 범주로 나눈다면, 하나는 두려움의 대상을 없애는 것이고, 또 하나는 두려움 자체를 없애는 것이다. 철학자의 문제 해결 방식은 바로 후자의 방식이다. 주루이는 우리에게 이렇게 말했다. 영생과 영혼의 불멸을 바라는 것은 죽음에 대한 두려움을 근본적으로 없애는 데 아무런 도움이 되지 않는다. 죽음이란 존재를 의식적으로 배제하거나 제거함으로써 죽음에 대한 두려움을 없애는 것도 엄밀하게 말하면 그저 두려움과 타협하는 것일 뿐이다.

　그렇다면 철학자들이 삶이 무의미하다고 여기거나 혹은 삶은 고통이고 죽음은 해방이라고 믿기 때문에 죽음을 두려워하지 않는 걸까? 물론 그것은 더더구나 아니다. 만일 주루이에게서 가장 인상 깊었던 것이 무엇이냐고 묻는다면, 그건 바로 그의 활기찬 에너지와 생명에 대한 진실한 사랑이라 답할 것이다. 실제 삶에서든 이론적 주장에서든 주루이는 보편적인 생존 본능을 인위적으로 없애려고 한 적이 없었다. 바위가 떨어지면 정상적인 사람이라면 누구나 피하듯, 정상적인 철학자도 몸을 비켜 피한다. 철학자가 죽음을 두려워하지 않는다는 것이 의도적인 죽음을 바란다는 뜻은 아니다.

　이러한 수많은 함정을 헤쳐 나오다 보면 민감한 당신은 무언가를 알아차릴지도 모른다. 우리가 쭉 나눴던 이야기들이 결국은 훨씬 더 큰 함정 주위를 맴돌고 있다는 것을 말이다. 그렇다. 그 함정은 바로 '단일한 동물적 관점'이다. 다시 말해서 죽음을 피하며 삶을 추구하고, 해로움을 피해 이익을 추구하는 논리적 원리이다. 삶과 죽음의 관계를 고찰할 때 어쩌면 이것이야말로 우리가 가장 빠지기 쉬운 사

　　　　　　　　　　　　　철학자의 마지막 수업

유의 흐름일 것이다.

　이러한 관점에서는 삶을 추구하는 것이 곧 죽음을 피하는 것이기 때문에 삶을 소중히 여길수록 죽음을 두려워하게 되어야 말이 된다. 그런 관점에서는 '삶에 대한 욕망'과 '죽음에 대한 두려움'은 그저 이름만 다를 뿐 동일체다. 이러한 관성적 사유 방식에 얽매인 상태에서는, 우리는 은연중에 생명을 소중히 여기며 동시에 죽음을 두려워하지 않는 철학자는 존재할 수 없다는 결론에 다다른다. 따라서 삶을 추구하고 죽음을 피하려는 동물의 생존 법칙에 부합하는 인생 태도는 한 가지 종류만 남게 된다. 즉, 죽음을 두려워하고 오로지 살기만을 바라는 '냉소주의'이다.

삶에 대한 욕망

이러한 사유의 함정에서 벗어나는 방법은 우리가 한 걸음 더 나아가 질문하는 것이다. 과연 우리가 진정으로 소중하게 여길만한 가치 있는 삶은 어떤 것일까? 우리 자신이 주인으로 사는 삶일까 아니면 노예로서의 삶일까? 어떤 삶이 훨씬 가치가 있을까? '죽음에 대한 두려움'에 쫓겨 다니는 고된 삶일까 아니면 '삶에 대한 욕망'에 이끌리는 모험일까?

이는 주루이가 구로사와 아키라(黑澤明)의 영화 「살다(生きる)」를 통해 우리에게 던지는 질문이다. 영화의 서사는 역설적인 구조를 띤다. 주인공 와타나베 겐지는 30년 동안 열심히 일했지만 아무것도 이룬 것도 없이 그저 일자리를 지키는 것이 유일한 관심사였다. 그 때문에 그는 "한 번도 진정한 삶을 살아본 적이 없다."라는 허무함에 직면해 있었다. 그런데 역설적으로 죽음이 임박한 순간에 그는 어떤 민원 하나를 해결하는 데 온 힘을 다했고, 바로 그때 그의 생명력이 처음으로 뿜어져 나왔다.

주루이는 영화의 제목인 「살다」를 '죽음을 향해 살아간다.'라는 비유로 해석하는 것에 반대했고, 나 역시 동감이었다. 왜냐하면 우리가 가장 심혈을 기울이는 관심사는 죽음이 임박해서야 갑작스레 분출되는 극단적인 정서적 반응도 아니고. 또 '하루하루가 인생의 마지막 날이다.'라고 생각하는 독특한 삶의 태도도 아니기 때문이다. 오히려 그건 살아

　　　　　　　　철학자의 마지막 수업

있는 모든 이들과 깊은 관련이 있는 주제다. 즉, 우리 삶의 원동력은 어디서 오는 걸까? '죽음에 대한 두려움'에서 오는 강박관념 때문일까? 아니면 '삶의 욕망'이 그렇게 만드는 것일까? 활기라고는 찾아볼 수 없던 와타나베 겐지의 직장 생활은 전자에 속하지만, 그의 생명력이 분출하던 삶의 마지막 순간은 후자에 속한다. 이 둘(두려움과 욕망)은 죽음을 두려워하며 삶을 갈망하는 생존 논리가 서로 완전히 다르다고 단언했던 것과는 달리, 사실상 별개의 것이 아닐 수도 있다는 점을 보여준다. 사실 와타나베 겐지는 '살기 위해 살았다.'지만 직장인으로서 '진정한 삶'을 살지 못했다. 그저 '냉소주의'에 따른 생활 태도만을 고집했다. 젊은 동료가 그에게 '미라'라는 별명을 붙여준 것도 무리는 아니었다.

개는 '냉소주의'를 가질 수 없다. 동물은 그저 본능에 따라 생존한다. 하지만 인간은 동물이 아니다. 적어도 동물인 것만은 아니다. 인간의 삶은 생존 그 이상의 것을 의미한다. 죽음을 두려워하는 것만으로는 인간의 삶에 대한 갈망이 저절로 불러일으켜지지는 않는다. 오히려 죽음에 대한 순수한 두려움만 키울 수 있다. 인생에 용기와 활력을 불어

넣으려면 단순히 '사는 것'을 넘어 가치 있는 삶의 이유를 확립해야 한다. 단순히 살기 위한 삶을 멈출 때 우리는 비로소 온전한 내 생명의 주인으로 돌아갈 수 있다. 와타나베 겐지에게 삶의 활력을 불러온 것은 죽음이 임박했다는 사실이 아니라, 한 번이라도 진정으로 살고 싶은 열망이었다.

두려움이 원동력이 되는 질주는 올바른 삶의 방향이 아니다. 두려움은 삶을 연장하지만, 그 삶에 의미와 가치를 부여해주지 않는다. 만일 잘 살고 싶다면 우리는 이런 질문을 해봐야 한다. 어떻게 해야 두려움의 속박에서 벗어날 수 있을까? 그런 의미에서 주루이가 강조했던 대로, 우리가 두려워할 것은 두려움 그 자체뿐이다.

두려움을 이겨내는 힘은 죽음에 대한 두려움과는 정반대의 방향에서 온다. 사람들은 그것을 '정신적인 힘'이라고 부른다. 이는 육체와는 독립된 신비로운 실체를 전제한다는 의미는 아니다. 주루이의 주장에 따르면, 정신이든, 영혼이든 우리에게는 그저 '매개 변수'일 뿐이다. 하지만 그것은 우리 삶의 질을 측정하는 '경위선'으로 대단히 중요한 매개 변수이다. 만일 생물의 행동이 오로지 생존경쟁과 관

 철학자의 마지막 수업

런이 있다면 우리는 그 생물의 행동에서 정신적인 힘을 감지하기 어려울 것이다. 반대로 생명의 활력이 단순히 생존만을 추구하는 위도에서 벗어날수록 그 생명은 더욱 정신적인 힘을 지니게 된다. 영화 「토고」에서 죽음을 두려워하지 않고 얼어붙은 평원을 질주하던 썰매견 '토고', 「씨비스킷」에서 부상에도 불구하고 절대로 포기하지 않았던 키 작은 경주마 '씨비스킷'은 우리에게 이러한 정신적인 힘의 존재를 느끼게 해준다. 활기차고 역동적인 에너지가 작은 동물들에게도 모두 내재되어 있다. 만일 두려움의 힘이 능란하고, 교활하고, 강압적인 모습으로 나타난다면, 정신적 힘은 결속력과 순수함, 완성을 목표로 한다.

다른 동물들은 생명의 의미에 대해 생각하지 않는다. 하지만 관념적인 동물로서 우리는 삶을 충만함을 생명의 가치와 의미에 대한 인식과 연결해 생각할 수밖에 없다. 우리는 단순히 생존경쟁에만 몰두하는 것이 아니라, 미지의 세계를 상상하고, 자신을 탐구하고, 능력의 한계를 탐색하며 끊임없이 삶의 의미에 질문을 던진다. 이러한 수많은 관심이 우리의 생존경쟁에 이점으로 작용하는지 여부와는 상관없이 말이다. 삶의 의미를 탐구하는 관념적 관심을 많이 기울일수록 우리의 생리적 수명이 그만큼 연장되는 것은 아니지만, 대신 관념적인 이해와 성찰의 공간을 열어준다. 이 새로운 공간에서 우리의 관심이 커지는 만큼 우리의 세계도 더욱 개방되고 또 우리의 생명 역시 그만큼 원숙해진다. 정신적인 힘이 성장할 수 있는 이 세계에서는 동물적인 '자아'는 더욱 작아지고, 정신적인 '자아'는 더욱 커진다.

인간의 정신적인 힘은 관념적인 차원에서 더욱 많이 구현된다. 나는 주루이의 존재가 바로 가장 좋은 사례라고 생각한다. 그는 '삶에 대한 욕망'이 강렬할수록 '죽음에 대한 두려움'이 사라진다는 것을 명확히 보여줬다. 이런 매력적인 정신의 활력은 주루이의 날렵한 걸음걸이와 비범한 기상에서 드러난다. 또 병으로 수척해졌지만, 여전히 유머와 우아함을 겸비한, 오히려 더욱 빛을 발하던 주루이에게서도 볼 수 있다.

철학자는 관념 체계를 재구성하고, 그 개선된 관념으로 기존의 관념 아래 있는 현실을 개선하는 데 최선을 다한다. 철학자는 생명의 필연적인 소멸을 바꿀 수도 없고, 죽음의

 철학자의 마지막 수업

도래를 늦출 수도 없다. 하지만 죽음을 더 이상 두렵지 않은 것으로 변화시킬 수는 있다. 모든 동물이 가진 죽음에 대한 본능적인 두려움을 우리는 근본적으로 극복할 수 없고, 또 근본적으로 극복할 필요도 없다. 하지만 '죽음' 자체에 대한 두려움은 관념 때문에 생겨난 것이기에 관념으로 없앨 수 있다.

이 책에서 주루이가 우리와 함께 도전하고자 했던 것은, 바로 관념적인 동물로서 인간만이 지닌 이러한 두려움을 극복하는 문제였다. 한 철학자의 정신적인 힘이 그의 생명을 얼마나 자유롭고 또 두려움 없는 경지로 끌어올렸을까? 그의 철학은 어떻게 그의 정신적인 자아가 아무런 손상 없이 생명의 마지막 순간까지 보존될 수 있도록 해주었을까? 이 책은 그 질문에 대한 기록이자 증명이다.

이것은 주루이가 나에게 나눠준 생명의 지혜다. 진정한 생명에 대한 지식은 반드시 생명력 자체로 증명되어야 한다. 진정한 철학자로서 주루이는 온몸으로 증명했다. 죽음이 그의 생명을 빼앗아갈 수는 있지만, 생명의 힘과 존엄은 빼앗아 갈 수 없다는 사실을.

THE LAST CLASS OF THE PHILOSOPHER

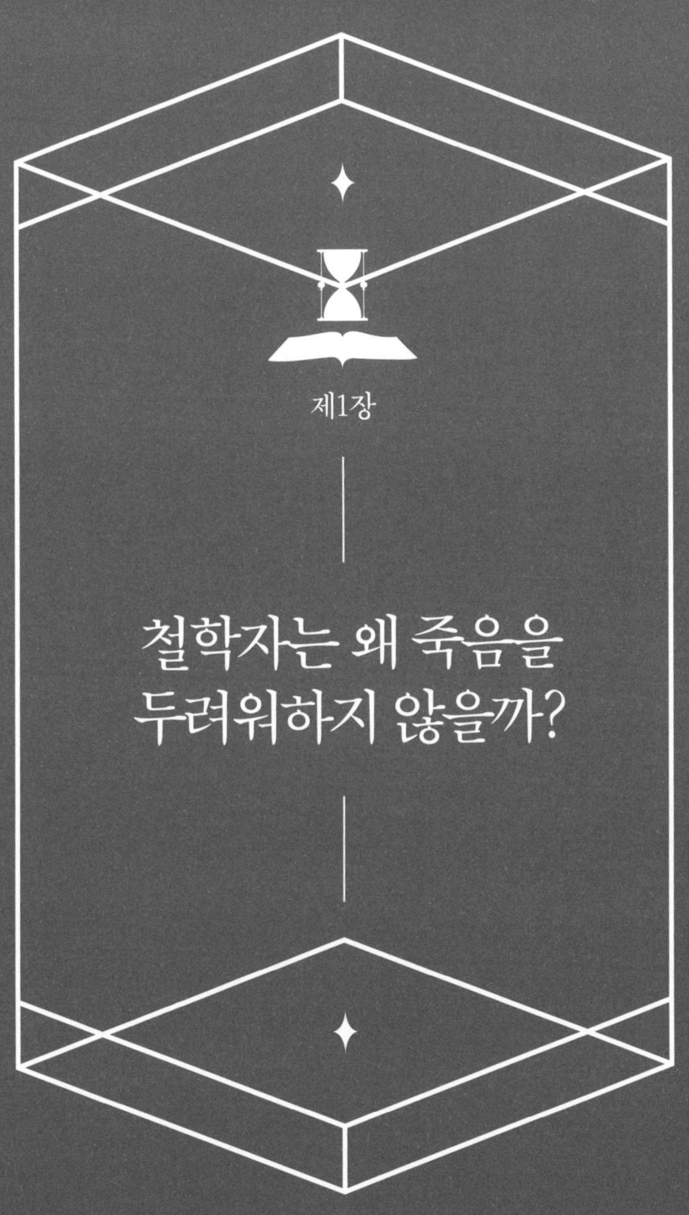

철학자는 왜 죽음을 두려워하지 않을까?

삶과 죽음의 문제는 철학자에게는 가장 큰 명제다.
우리가 마땅히 두려워해야 할 것은 두려움 그 자체다.

2024년 7월의 어느 날 아침, 의사는 나의 암 치료가 끝났다고 알려왔다. 완쾌된 것이 아니라 더 이상의 치료는 의미가 없다는 뜻이었다. 나에게 남은 시간은 한 달여에 불과했다. 맨 처음 직장암 말기 판정을 받은 날로부터 벌써 2년이 지난 시점이었다.

삶과 죽음의 문제는 철학자에게는 가장 큰 명제다. 게다가 공교롭게도 나는 죽음을 눈앞에 둔 처지였다. 의사의 판단에 따르면, 나는 말기 암 환자로서 언제든 이 세상을 떠날 수 있었다. 시간이 정말로 얼마 남지 않았다. 바로 이러한 초조함 때문이었을까. 나는 삶과 죽음에 대한 내 생각을 여러 사람과 공유하고 싶어졌다. 우리의 인생과 직결된 가장 중요한 관심사이지만 정작 모두가 피하고 싶어 하는 이 명제를 좀 더 가볍고 경쾌한 방식으로 풀어내고 싶었다. 그건 이 세상을 떠나기 전에 내가 몸담았던 이 사회에 대한 나의 작은 배려이자 사랑이라고도 해도 좋을 것이다.

우리가 두려워해야 할 것은 두려움 그 자체뿐이다

나는 언젠가 강의에서 "철학은 죽음 연습이다."라고 말한 적이 있다. 이는 소크라테스의 명언이기도 하다. 사실 죽음과 두려움은 긴밀하게 연관되어 있다. 이 말의 의미를 진정으로 이해하기 위해서는 『소크라테스의 변론』과 플라톤의 『파이돈』 속 사상을 자세히 음미해 봐야 한다.

간단히 설명하자면 이렇다. 우리가 마땅히 두려워해야 할 것은 두려움 그 자체뿐이다. 소크라테스는 '두려움' 자체를 두려워하는 것만이 이성적이라고 여겼다. 즉, 자기 말과 행동의 진정한 동기가 어떤 특별한 두려움에서 비롯된 것은 아닌지를 걱정해야 한다는 뜻이다. 왜냐하면 두려움이 자기 말과 행동을 지배해서는 안 되기 때문이다. 그 이외의 두려움은 기본적으로 모두 비이성적이며, 이러한 비이성적인 두려움에 휘둘려 내린 인생의 선택은 종종 비극을 초래하기 마련이다.

그렇다면 여기서 말하는 이성적, 비이성적이라는 것은 무엇을 의미할까? 성장 과정에서 두려움의 대상이 변화했던 나의 경험을 예로 들어보기로 하자. 나는 인생의 여러 단계에서 저마다 다른 두려움을 경험했다.

가령 어린 시절에는 어른들이 곧잘 귀신 이야기를 해주곤 했는데, 토끼처럼 새빨간 눈을 가진 귀신이 거리를 돌아다닌다는 이야기를 들었을 때는 거리에서 새빨간 눈을 마주하게 될까 봐 두려움에 떨었다. 죽음도 두려웠다. 나 혼자 땅속에 묻혀서 아무런 도움도 받을 수 없는 고립무원의 상황을 상상하면 두려움에 떨려왔다. 아이가 태어나고 나서는 아이들에게 무슨 일이 생길까 봐 두려워하며 아이들을 보호하느라 전전긍긍했다. 심지어 병원에 가는 것도 무서웠다. 겉으로 보기에는 병원 가는 걸 귀찮아하는 것처럼 보였겠지만, 실은 혹시라도 심각한 병이 발견될까 하는 두려움에 감히 병원 문을 두드릴 수가 없었다.

우리는 이처럼 다양한 이유를 내세우며 내면의 두려움을 감추고 자기의 행동을 정당화하곤 한다. 사실 겉으로 드러나는 동기의 뒤편에는 그저 두려움이 있을 뿐이며, 이러한 두려움은 모두 비이성적이다. 당연하게 들릴지도 모르겠지만 어릴 때 나는 피나 시신을 보는 것을 무서워했다. 그러나 어른이 된 뒤에 우연히 시신 해부와 인체 기관의 구조를 설명하는 다큐멘터리를 보게 되었고, 그때 나는 두려움이 아니라 충격을 느꼈다. 우리의 몸이 이처럼 정교하게 조직되어 있다는 사실에 놀랐고, 또 인체의 각 기관이 정밀하게 상호작용한다는 사실에 놀랐다. 내가 본 것은 피와 살이 대충 뭉뚱그려진 인간의 신체가 아니라 생명의 기적과 질서였다. 두려움의 대상이 더 이상 두렵지 않게 된 이러한 변화는 이성과 지식이 가져다준 것이었다.

소크라테스는 『파이돈』에서 죽음을 논할 때 사람들의 다양한 편견과 무지에 관해 이야기했다. 그는 오직 이성만이 자신을 더 높은 경지로 끌어올려 내면의 평화를 얻게 해준다고 말했다. 실제로 훗날 스토아학파[2]에서부터 중세 기독교에 이르기까지 기본적으로 이러한 관점에서 발전하여 이성과 신을 통한 내면의 평화를 추구했다.

또한 『파이돈』을 읽다 보면 소크라테스가 죽음을 눈앞에 두고 보인 모습들이 인상적이다. 그는 상당히 여유롭고 여느 때보다 열정적인 태도로 대화에 임했다. 또한, 마치 고향으로 돌아가는 것처럼 고상하고 품위 있는 자세로 죽음을 마주했고, 친구와 제자들과 죽음이라는 명제에 대해 열렬하게 토론했다. 법정에서 변호할 때도 소크라테스는 죽음을 전혀 두려워하지 않으며, 오로지 자신의 의무를 다했는지에만 관심이 있다고 거듭 강조했다.

나는 철학을 공부하면서 마땅히 두려워해야 할 것과 그렇지 않은 것의 차이를 점차 이해하게 되었다. 두려워하면 안 되는 것을 두려워하는 것은 스스로의 손발을 묶는 것

2 스토아학파는 고대 그리스와 로마 시기의 중요한 철학 유파이다. 스토아학파의 주된 관점에 따르면, 행복은 미덕에 있으며, 마땅히 자연의 순리에 순응하고, 이성적인 삶을 살아야만 격정과 두려움에서 벗어나 영혼의 평온과 자유를 누릴 수 있다.

  철학자의 마지막 수업

과 같다. 두려움은 삶을 구성하는 기본 요소이자 삶의 기본적인 정서이다. 저마다 다른 삶의 경험과 생활 체험은 마치 그물처럼 두려움과 긴밀하게 얽혀 있다.

가령 영화「알라바마 이야기」에서 메이콤 주민들은 흑인의 존재를 두려워한다. 이러한 두려움에는 역사적 배경과 사회적 요인이 숨어 있다. 왜냐하면 흑인은 덩치가 크고 건장해서 위압감을 주는 '거대한 타인(big others)'으로 여겨졌다. 이런 강력한 타인에 대한 두려움은 일종의 투사다. 즉, 사람들의 편견과 무지가 타인에게 투영되어 두려움의 대상이 되는 것이다. 그로 말미암아 사람들은 소통의 통로를 막고 자신과 타인 사이에 높은 벽을 쌓게 된다. 이러한 두려움은 "타인은 지옥이다."라고 여기며 타인을 배척하게 만들기에 지극히 폐쇄적이다. 극단적 애국주의나 민족주의는 실상 이러한 폐쇄적 두려움에서 비롯되었다. 그들은 사람들 마음속의 두려움을 이용한다. 두려움을 무기 삼아 타인을 억압하고 자신을 보호한다. 나는 이것이야말로 사회적으로 타인이나 나 자신에게 가장 해로운 두려움이라고 생각한다.

그러나 두려움에는 긍정적인 면도 있다. 가령 메이콤의 거리는 낡고 황폐하여 텅 빈 것처럼 스산하기만 하지만, 그곳의 아이들은 유령과 괴물 같은 두려움에 대한 이야깃거리를 찾아다닌다. 그런 어린 시절의 경험은 천진난만한 순수성과 호기심, 그리고 두려움으로 이루어져 있다. 아이들은 두려움을 출발점으로 삼아 자신이 두려워하는 것을 탐구하고 인식한다. 이러한 유년기의 두려움은 긍정적이고 탐구적인 두려움이다. 아이들은 이처럼 진실하면서도 즐거운 두려움 속에서 미지의 세계를 탐험한다.

그렇다면 '죽음'에 대한 우리의 두려움은 이성적일까, 아니면 비이성적일까? 이는 한층 복잡한 문제이다. 예컨대, 동물은 죽음을 두려워할까? 나는 동물이 죽음을 두려워할 수도 또 두려워하지 않을 수도 있을 거라 생각한다. 동물에게는 '죽음'이라는 개념 자체가 없다. 동물들은 단지 위험한 것을 두려워할 뿐이다. 가령 고양이가 물을 싫어하고, 생쥐가 고양이를 무서워하는 것처럼 말이다. 위험한 상황에 부닥치거나 혹은 위험 신호를 감지했을 때 동물들은 조건 반사를 일으킨다. 그래서 자기가 무엇을 두려워하는지조차

 철학자의 마지막 수업

도 인지하지 못할 수 있다.

위험 자체나 혹은 위험 신호가 존재하지 않는다고 가정해보자. 어느 여름날 에어컨에서는 시원한 바람이 부드럽게 불어오고, 방안엔 희미하게 윙윙거리는 에어컨 작동 소리만 들리고 있다. 그런 방안에서 안전함과 편안함을 만끽하는 당신이 죽음에 대한 두려움을 느낄 일이 있을까? 그럴 가능성은 매우 낮아 보인다. 하지만 인간은 여전히 죽음을 두려워한다. 이는 동물과 인간의 큰 차이점이기도 하다. 동물은 스트레스성 두려움을 느끼지만, 인간의 마음속에는 언제나 미래에 대한 두려움이 자리 잡고 있다.

어떤 과학자가 집에서 기르는 고양이의 털이 묻은 채로 실험실에 들어갔다가 생쥐 실험을 망친 일이 있다. 이미 연구 결과로 나타났듯이, 설치류는 고양이와 같은 포식자의 냄새를 본능적으로 두려워한다. 이러한 반응은 유전적으로 타고난 것이다. 생쥐가 고양이 털에서 위험 신호를 감지하는 순간 두려움에 빠져 실험 결과가 변화하게 된 것이다.

그러나 우리는 누구나 '죽음'을 두려워한다. 이러한 두려움은 사실 우리의 무지에서 비롯된 것이다. 예컨대 우리는 이런 말을 하곤 한다. "나는 영혼이 존재한다고 여겨. 그래서 죽고 나면 이러저러한 일이 일어날 거로 생각해." 하지만 "여긴다.", "생각한다."라는 것에는 정답이 없다. 그래서 죽음에 대한 두려움은 일종의 참월(僭越)[3]이다. 이는 그리스어로 휴브리스(hubris)라고도 일컫는다. 그 말인즉슨, 자기가 실제로 알지도 못하는 일을 두려워하고 있다는 뜻이다. 여기서 말하는 '참월'은 권력적 의미도, 종교적 의미도 아닌 지식적인 의미에서 하는 말이다. 인간의 가장 큰 무지는 죽음에 대한 공포에서 드러난다. 전혀 알지 못하고, 또 경험조차 해보지 않은 것을 왜 두려워한단 말인가? 이는 논리적으로 따져봐도 이치에 맞지 않는 역설이라고 할 수 있다. 어쩌면 당신은 이런 질문을 던질지도 모른다. "그렇다면 우리가 알고 있는 것들만이 두려움을 불러일으키는 건가요?"

사실 꼭 그렇지만은 않다. 예컨대 당신은 내일에 대한 두려움은 없을 것이다. 왜냐하면 매우 가까운 미래이고, 또 예측할 수 있어서다. 그러나 우주에 대해서는 두려움을 느낀

3　분수를 넘어선 오만-역주

다. 왜냐하면 당신은 우주에 대해 알지 못하면서, 우주는 매우 무서운 곳이라고 단정 짓고 있기 때문이다. 다시 말해 실제로는 알지 못하는 것을 아는 척 가장하고 있다. 그래서 이른바 죽음을 연습하는 것은 바로, 죽음에 대한 두려움에서 벗어나는 연습이라고 할 수 있다.

나의 죽음 연습

나는 죽음에 대한 일련의 시련을 겪은 적이 있다. 이는 또 다른 의미에서 나에겐 죽음 연습이었다.

언젠가 내가 탑승했던 항공기가 난기류에 휘말려 금방이라도 추락할 것처럼 크게 요동친 적이 있다. 그 순간 나는 매우 침착했다. 당시 내 머릿속에는 한 가지 생각밖에 없었다. 나 살자고 옆좌석 노부부의 몸을 짓밟는 일은 하지 말자는 것이었다. 소크라테스는 "정말 어려운 것은 죽음을 피하는 것이 아니라 비열함을 피하는 것이다. 죽음보다 비열함이 더 발이 빠르기 때문이다."라고 말했다. 만일 응급상황이 발생했을 때 옆좌석의 노부부가 죽든 살든 신경 쓰지 않는다면 나는 훨씬 빨리 도망칠 수 있고, 어쩌면 죽음까지 따돌릴 수도 있을 것이다. 하지만 당시 나는 마음속으로 스스로 다짐하듯 되뇌었다. 설령 죽음을 선택하더라도 비열함은 피해야 한다고 말이다.

철학을 공부하면서부터 나에겐 거대한 의문이 하나 생겼다. 인간이 죽은 뒤에 그 영혼은 어떻게 되는 걸까? 여전히 존재하는 걸까?

"진정한 철학자는 죽음을 준비하며 살아간다. 만일 이 말이 옳다면 그들은 실상 평생 죽음을 기다리고 있는 것이다."[4] 소크라테스는 죽음은 그저 영혼이 육체의 사슬에서 벗어나 영혼과 육체가 분리되는 상태에 이르는 것에 불과하다고 언급했다. 그러면 육체의 쾌락을 벗어던지고 지식을 얻는 쾌락에 오롯이 집중할 수 있게 된다. 엄숙한 철학자에게 육체는 지식과 진리를 추구하는 데 방해가 될 뿐이

---

4   이 책에서 등장하는 소크라테스의 말은 2002년 런민문학출판사(人民文學出版社)에서 출판한 『플라톤 전집』에서 인용했다-편집자 주

                                   철학자의 마지막 수업

다. 예컨대 우리의 육체는 다양한 방식으로 진리를 연구하는 작업에 끼어든다. 배가 고프면 밥을 먹어야 하고, 졸리면 잠을 자야 한다. 또한, 육체적 욕망은 재물을 탐하게 하고 분쟁을 일으키도록 유혹한다. 또한, 육체는 두려움을 느낀다. 그러한 두려움은 우리가 진리를 향해 진전하는 데 크나큰 걸림돌이 된다. 그래서 소크라테스는 이렇게 반문했다. "철학자들의 소망은 오직 육체로부터 영혼이 분리되어 해방되는 것이 아니겠는가?"

소크라테스는 죽음은 결코 끝이 아니라 영혼이 신체의 속박에서 해방되어 한층 정화되고 진리에 가까운 상태가 되는 것이라고 보았다. 그래서 철학자가 지혜와 진리를 추구하는 것은 바로 죽음을 추구하고 또 죽음을 연습하는 것이라고 주장했다. 이러한 마음가짐에서 맞이하는 죽음은 두렵기는커녕 오히려 즐거운 일인 것이다.

나의 관점에서 볼 때, 만일 영혼이 존재한다면 죽음은 그다지 무서울 것이 없다. 그저 삶의 방식이 달라질 뿐 오히려 훨씬 자유로울 것이다. 나는 어릴 때부터 '귀신' 이야기를 들으며 자랐지만, 그저 입으로 전해지는 근거 없는 이야기라 여겨 믿지 않았다. 내가 직접 눈으로 확인하지 않은 이상 '귀신'이 존재한다고 단언할 수 없었기 때문이다. 나는 '귀신'이라는 인류의 오랜 수수께끼를 이론적으로는 해결할 수 없었지만, 실천적으로는 해결했다. 왜냐하면 철학을 공부하면서부터 적극적으로 '귀신'을 찾아 나섰지만 한 번도 발견하지 못했기 때문이다. 그 결과 이런 무형의 귀신이나 유령에 대해 더 이상 그 어떤 두려움도 느끼지 않게 되었다.

미국 유학 시절 학교 근처에 낡은 건물이 하나 있었다. 원래는 방이 4, 50개에 달하는 개인 소유의 고급 저택이었는데, 방 전체에 값비싼 카펫이 깔려 있고, 벽에는 19세기 그림들로 뒤덮여 있었다. 학교에서 그 건물을 사들인 이후 내내 빈집으로 남아 있었는데, 사람들은 빈집에서 '귀신'과 맞닥뜨릴까 봐 두려워했다. 심지어 학교의 교수들마저 빈집에서 귀신이 나온다고 믿었다. 어른 귀신과 아이 귀신이 함께 산다고 생동감 넘치는 이야기까지 곁들여서 말이다. 그래서 경찰마저 그 근방 순찰하는 것을 꺼릴 정도였다.

나는 학교에 임차 신청을 하고 그 집에 들어갔다. 주변이 온통 나무로 둘러싸인 100년도 넘은 낡은 대저택에서 혼자 살게 된 것이다. 처음 며칠은 밤마다 누군가의 발걸음 소리를 듣고 흥분의 도가니에 빠졌다. 마침내 귀신을 실제로 볼 수 있게 된 것일까? 하지만 알고 보니 집 주변의 나무가 낮에는 무더운 날씨에 팽창했다가 밤이 되어 기온이 떨어지면서 수축하는 과정에서 나는 소리였다. 그 소리에 익숙해지고 나니, 집 주변을 뒤덮은 울창한 나무들마저 더 이상 두렵지 않게 되고 모든 것이 평온해졌다.

그로부터 한 달이 지난 뒤였을 것이다. 갑자기 엉뚱한 아이디어가 떠올랐다. 영화 「샤이닝」에서 두 아이의 영혼이 집안 복도를 어슬렁거렸던 것처럼, 나도 집안 복도에서 귀신이 출몰할 때까지 기다려볼까 하는 생각이었다. 그래서 새벽 두세 시쯤 거실로 나와 소파에 앉아서 복도를 지켜봤다. 하지만 밤을 꼬박 지새울 때까지 아무것도 나타나지 않았다. 그렇게 그 낡은 저택에서 사는 5년간, 귀신이 나타나기는커녕 아무 일도 일어나지 않았다.

언젠가 홍콩에서 하이킹을 했을 때였다. 어느새 저녁 8시가 넘어 날이 깜깜해진 뒤에야 나는 하룻밤 묵을 호텔을 찾기 시작했다. 그러다 우연히 큰 건물을 발견하고 들어갔지만 아무리 문을 두드려도 대답이 없었다. 건물 밖으로 나와 다시 살펴보니 '케이프 콜린슨(Cape Collinson) 화장장'이라는 간판이 붙어 있었다. 나도 모르게 제 발로 화장터를 찾아 들어간 것이다. 당시 나는 적잖이 놀랐다. 하이킹하러 많은 관광객이 오고 가는 장소에 화장장이 있을 줄은 꿈에도 생각을 못했던 것이다. 나중에 알고 보니 케이프 콜린슨 화장장은 홍콩의 유명한 예술가들이 많이 화장된 아주 유명한 곳이었다.

나는 본래 담력이 강한 사람도 아닐뿐더러 어릴 때부터 겁이 많은 편이었다. 그러나 이성적인 훈련을 통해 상상이 만들어낸 허구와 실제로 존재하는 사실을 판별할 수 있게 되었다. 이는 내가 어릴 때 '귀신'을 두려워하던 정서와는 엄청난 괴리가 있다.

'귀신'을 찾아다닌 것 외에도 나는 극한 환경에서의 생존에 관심이 많았다. 그래서 여러 차례 오지 탐험에 나섰다. 어느 해에는 아이슬란드에서 혼자 산에 올랐다. 10월이라서 산속은 매우 추웠지만, 혼자서 외로이 산을 오르는 고독감이 너무 좋았다. 그러다 짙은 안개를 마주하면서 나는 그만 길을 잃고 말았다. 산에서 가장 큰 위험은 야생 동물과 마주치거나 발을 헛디뎌 벼랑으로 굴러떨어지거나, 그것도 아니면 길을 잃는 것이다. 그런데 나는 설상가상으로 길을 잃어 허둥대다 그만 도랑으로 굴러떨어졌다. 하지만 그 순간 나는 오히려 구세주를 만난 듯 기뻐했다. 이 물길을 따라가면 산을 무사히 내려갈 수 있다는 사실을 알고 있었기 때문이다.

또 다른 해에는 원시 생태의 오지를 트래킹하고 있었다. 사람의 발길이 드문 그곳에서 '위험'이라고 적힌 경고 표지판을 발견했다. 왠지 도전하고 싶은 혈기에 그 안으로 들어갔다가 이내 후회하고 말았다. 울창한 나뭇가지와 무릎까지 올라오는 빽빽한 수풀 속을 더듬더듬 헤쳐 나가는 것도 힘들어 기어서 가던 나는 급기야 길마저 잃고 말았다. 방향 감각을 상실한 채 꼼짝없이 갇히고 만 것이다. 후텁지근한 날씨에 곳곳에 뱀까지 있었지만 나는 두렵지 않았다. 그저 그곳을 빠져나갈 방도를 찾는 데만 몰두했다. 그러다 문득 파도 소리가 들려오는 것을 깨닫고 파도 소리가 나는 곳을 향해 다시 길을 헤쳐 나갔다. 앞을 가로막는 장애물을 넘느라 곤란을 겪긴 했지만, 무작정 파도 소리만 따라간 덕분에 무사히 해안에 도착할 수 있었다.

강의 시간에 학생들에게 내가 그날 오지에서 찍었던 사진을 보여준 적이 있다. 길이라곤 찾아볼 수 없는 수풀이 무성한 사진을 보여주며 이렇게 물었다. "이 사진에서 길을 찾을 수 있겠는가? 우리 인간의 뇌는 수백만 년에 걸쳐 진화했다. 그래서 대개는 야생에서 마주치는 여러 가지 돌발 상황에 충분히 대처할 수 있다." 학생들은 아무런 대답도 하지 못했다.

대뇌의 정보 처리 방식을 살펴보면 이렇다. 인간의 뇌에서 시각 신호를 처리하는 시각피질은 색깔, 공간, 동작 인식과 같은 정보를 각각 처리하는 다섯 개의 모듈로 구성되어 있다. 이러한 모듈화는 인간의 뇌를 단순화하는 기본적인 메커니즘이다. 이 세상에는 무한량의 정보가 넘쳐나고, 한정적인 신경세포로 극히 짧은 시간 안에 생명과 관련된 중요한 정보를 판독하는 유일한 방법은 정보량이 비교적 적은 대부분의 주변 정보를 무시하는 것이다.

 철학자의 마지막 수업

오지 탐험 경험이 풍부한 전문가들이라면 '길'은 그저 일종의 정보를 처리하는 모듈에 불과하다는 사실을 이해할 것이다. 길은 본래 온갖 정보로 가득한 원시 생태의 환경을 거의 아무런 정보가 없는 환경으로 바꿔놓는다. 길이 가진 예측성과 추적 용이성은 우리가 내딛는 걸음걸이의 속도나 방향에 대해서는 신경을 쓰지 않게 해준다. 그 결과, 울창한 수풀 속에 숨어 있는 돌발적이면서도 조용한 세계의 소리(즉, 위험을 의미한다)에 모든 신경을 집중할 수 있게 해준다. 인간과 동물들의 인지 방식은 모두 이러한 패턴을 따른다.

사람의 손길이 닿지 않은 산속에서는 울창하게 우거진 나무와 수풀 때문에 한 치 앞도 제대로 내다보기가 힘들다. 게다가 현기증이 일어날 만큼 생태 정보가 넘쳐난다. 그러나 일단 산 정상에 올라서면 산과 강이 일목요연하게 눈에 들어온다. 높은 산 정상에 서서 머나먼 곳까지 한눈에 바라볼 때 후련하고 유쾌한 기분이 드는 것은, 그 끝과 경계를 알 수 없는 깊은 산속에서 정보 처리를 하느라 과부하게 걸렸던 뇌가 해방되었기 때문일 것이다. 생명은 예측 속에서 예측 불가능한 것을 찾고, 필연 속에서 우연을 찾으며, 이미 알고 있는 지식에서 미지의 것을 찾고, 불변 속에서 변화를 찾으며, 같음에서 다름을 찾는다. 이것이 바로 생명의 생물학적 의미이다.

우리의 시신경은 색깔을 구별함으로써 내가 사는 세계의 구조를 파악한다. 오지에서 찍은 사진 속에는 흐릿한 부분이 있었다. 녹색과 녹색 사이에 흐릿한 경계가 있는데, 그때 나는 그 경계를 따라 작은 오솔길이 있다고 판단하고, 그 흐릿한 경계선을 따라 걸어 마침내 길을 찾았다. "위험에 맞닥뜨린 순간은 바로 미지의 두려움을 극복하는 순간이다." 나는 학생들에게 항상 이렇게 강조하곤 했다.

나의 죽음 연습도 이와 마찬가지다. 나는 언제든지 이 위기에 맞설 준비가 되어 있고, 또 잘 헤쳐 나갈 자신이 있었다. 죽음에 대한 인간의 두려움은 개념적이고, 미래지향적이며, 또 탐구적이면서도 폐쇄적이다. 가장 특이한 점은 우리에게는 죽음에 대한 형이상학적 두려움도 있다는 것이다. 수많은 철학자는 죽음을 일종의 '무(無)'로 여겼다. 다시 말해서 사람이 죽으면 곧 '무'로 돌아간다는 뜻이다.

"죽음은 신비로운 경지이다."라는 말은 철학적 상상에

불과하다. 왜냐하면 죽음은 유기물이 무기물로 변화하는 것에 불과하기 때문이다. 우리는 죽음과 동시에 사라지는 것이 아니다. 그저 무기물로 땅속에 묻히는 것이다. 그런데도 사람들은 종종 하늘에 기도한다. 이는 우리가 죽음을 대하는 데 항상 종교적 요소가 내포되어 있다는 사실을 의미한다.

만일 우리가 생명 체계의 일부라는 점을 존중한다면, 자신을 먹이사슬에서 분리해서 인간의 주체성이야말로 이 세상에서 유일하다고 착각해서는 안 된다. 불로불사나 장수를 꿈꾸는 것도 무의미하긴 마찬가지다. 그러한 환상에서 벗어나야 한다. 왜냐하면 우리도 죽은 뒤에는 동물과 박테리아에 의해 분해되는 것이 분명하기 때문이다.

영혼을 '매개 변수'로 삼다

나의 병세가 빠른 속도로 나빠지면서 혼자 힘으로는 일상적인 사소한 일조차 버거워졌다. 그러다 문득 대화가 가장 좋은 작별 방식이 되지 않을까 하는 아이디어가 떠올랐다. 그래서 나보다 무려 서른 살이나 어린 스물여섯의 젊은 청년을 이야기 동무 삼아 나의 철학 이야기를 대화의 형태로 풀어놓게 되었다.

주루이 그냥 우리 둘이 편하게 잡담을 나눈다고 생각하게. 대화는 짧아도 좋고 길어져도 좋아. 또 자네가 질문을 하거나 아니면 내가 질문을 던지는 방법도 괜찮고. 대화를 통해 뭔가 깨달음을 얻는다면 더할 나위 없이 좋겠지만 설령 없다 한들 크게 문제 될 것도 없네. 그저 삶과 죽음에 관한 철학을 이야기하는 데 집중하기로 하지.

청년 저는 '죽음'에 대해 한 가지 의문점이 있습니다. 저는 『소크라테스의 변론』을 읽을 때 소크라테스의 주장에서 강한 설득력을 느꼈습니다. 하지만 왠지 그가 뭔가를 감추고 있다는 느낌을 받았고 그 이유에 대해 고민했습니다.

 철학자의 마지막 수업

그 과정에서 소크라테스의 대다수 논술이 하나의 관점에서 출발한다는 것을 발견했습니다. 즉, 영혼이 육체에서 벗어날 때 우리의 생각이 한층 자유롭고 진실해진다는 겁니다. 소크라테스의 친구들조차 영혼이 실제로 존재하는지 확실치 않다고 말했는데도 말이죠. 저는 종교적 신앙이 없는 사람들은 소크라테스의 주장을 받아들이기란 매우 힘들 거라 생각했습니다.

주루이 아주 좋은 지적일세. 하지만 소크라테스의 관점에는 자네가 놓친 한 가지 대단히 중요한 의미가 들어 있네. 소크라테스는 모든 인간이 죽음을 두려워한다고 여겼어. 그렇다면 죽음에 대한 두려움은 어디서 비롯된 걸까? 그것은 바로 무지라네. 우리는 죽음이 무엇인지도 모르면서 두려워하고 있어. 알지도 못하는 것을 두려워하고 있으니 이것이야말로 논리적 역설인 셈이지.

우리는 대개 영혼이 있다고 생각하네. 그래서 죽은 뒤

에는 이러저러한 일이 일어날 거라고 예상하지. 하지만 실제로 정답을 아는 사람은 아무도 없어. 그런 의미에서 두려움은 일종의 '참월'이라고 할 수 있네. 실제로는 알지 못하는 것을 두려워하고 있으니까. 철학은 바로 그러한 무지를 없애는 데 목적이 있다네. 인간의 가장 큰 무지는 바로 죽음에 대한 두려움이야. 알지 못하는 것에 왜 두려움을 느낀단 말인가?

또 한 가지 자네의 질문에서 바로잡고 싶은 것은, 소크라테스가 죽음을 두려워하지 않은 이유를 그의 종교적 신앙에서 찾아서는 안 된다는 사실이네. 실은 완전히 정반대야. 소크라테스가 사형 선고를 받은 것은 그가 살던 도시국가의 종교를 믿지 않았기 때문이었어. 그러므로 이른바 죽음을 연습한다는 것은 바로, 죽음에 대한 두려움에서 벗어나는 것을 연습하는 거라네.

청년 그렇다면 우리가 잘 알고 있는 것들만 두려움을 불러일으킨다는 말입니까?

  철학자의 마지막 수업

<u>**주루이**</u> 꼭 그렇다는 뜻은 아닐세. 자네는 내일이 두려운가?

<u>**청년**</u>   아니요.

<u>**주루이**</u> 왜냐하면 내일은 예측할 수 있기 때문이지. 하지만 아마도 우주와 같은 미지의 영역에 대해서는 적잖은 두려움을 느낄걸? 그렇지 않나? 소크라테스의 주장은, 인지라는 관점에서 봤을 때 우리가 실제로 모르는 것을 아는 척하고 있다는 점을 지적한 것이라네. 근데 사실 알지 못한다는 것이 결코 나쁜 일이 아니야. 나는 미지의 것들이 두렵지 않네. 왜냐하면 그것은 항상 호기심을 품게 해주고, 또 막연한 기대감 속에 흥분을 느끼게 해주거든. 과학자나 철학자, 그리고 진리를 추구하는 이들 대부분은 끊임없이 이 미지의 것들을 개척한다네.

장자(莊子)도 이와 비슷한 생각을 했어. 『제물론』에는 이런 이야기가 나온다네. "여희(麗姬)는 진나라와 국경을 맞대고 있는 애(艾) 지역 관리의 딸이었다. 전쟁

통에 진나라로 잡혀가 진헌공(晉獻公)에게 억지로 시
집을 가게 되자 그녀는 옷깃을 흠뻑 적실 정도로 대
성통곡을 했으나 왕과 침상을 함께 하고, 산해진미를
먹게 되자 이후로는 전에 울었던 것을 후회했다고 하
네. 하물며 죽은 이가 죽기 전에 살기를 바랐던 것을
죽어서 후회하지 않는지를 내가 어찌 알겠는가?”
죽음에 있어서도 마찬가지라네. 수많은 죽은 이들이
생전에 자신의 삶에 연연하며 집착한 것을 후회하는
지 누가 알겠는가? 그러니 죽음에 대한 우리의 두려
움은 전형적인 무지에 휘둘린다는 것을 알 수 있어.
그건 이러한 무지의 통제 아래서 내리는 판단이라고
할 수 있지.

청년 수많은 국가의 문화와 종교는 영혼의 존재를 믿고 있
습니다. 그래서 저는 예전부터 한 가지 궁금한 게 있었
습니다. 인간이 죽음의 두려움에서 벗어나는 데 과연
종교가 도움이 될까, 혹은 그 답을 찾는 일종의 방식은
아닐까 하는 생각입니다.

　　　　　　　　　　　철학자의 마지막 수업

주루이 사실 영혼의 존재를 믿기 위해 종교적 신앙까지 동원할 필요는 없다네. 우리는 대화를 나누면서도 자기의 영혼에 관한 이야기를 하곤 하지. 가령 "재미있는 영혼의 소유자로서"라는 식의 표현을 쓰지 않나? 나 자신을 포함해서 우리는 영혼이 물리적으로 존재하지 않는다는 사실을 잘 알고 있네. 하지만 동시에 인간으로서 우리는 항상 자기의 영혼이 있다고 믿지. 여기서 내가 말하는 영혼은 사실상 하나의 '매개 변수(parameter)'이네.

우리는 '죽음'에 대해 이야기할 때는 항상 '영혼'을 포함하지. 이때 말하는 영혼은 어떤 특정한 사회학적 개념이 아니라 인류가 예로부터 스스로 창조해낸 '신화'라네. 이러한 '신화'는 떨쳐낼 수가 없지. 그러므로 영혼이 존재하느냐의 여부는 종교와는 관련이 없네. 그저 '대중적인 신화'일 뿐이야.

청년 그렇다면 그 신화를 어느 정도까지 믿어야 하는 건가요? 제가 그러한 대중적 신화에 대해 생각하기 시작한 것은 저희 어머니의 일기를 본 뒤부터입니다. 저의 외할머니가 돌아가셨을 때 어머니가 일기에 이런 구절을 쓰셨어요. "나는 영혼의 존재를 믿지 않는다. 하지만 엄마가 돌아가신 뒤로는 이 세상에 영혼이 존재한다고 믿고 싶은 마음이 간절해졌다."

주루이 나 역시 영혼의 존재를 믿지 않네. 그러나 실제로 어떤 문제에 대해 사고할 때는 항상 매개 변수를 집어넣지. 그렇지 않나? 우리는 그게 진실인지 거짓인지 증명할 수 없네. 그래서 영혼이 존재한다는 것은 인간이 자기 자신에게 만든 믿음이라고 할 수 있네. 인간에게는 영혼이 있네. 그러나 풀이나 나무, 꽃에게도 영혼이 있다고 믿는 데는 종교가 필요하네. 일반적으로 우리는 풀이나 나무, 꽃에 영혼이 있다고 믿지는 않아. 반면에 고양이나 개에게는 영혼이 있을 거라고 믿네. 이러한 '신화'는 인간 중심이라네. 인간을 닮아 개체성이 강하고, 인격이 풍부한 대상일수록 이른바 '영혼'이 있다고 믿는 거지.

그래서 소크라테스의 죽음에 대한 정의는 영혼과 육체의 분리라네. 죽음을 연습하는 것은 바로 '영혼의 자유를 추구'하는 것이라고 할 수 있네. 즉, 어떻게 하면 육체의 속박에서 벗어나 영혼을 해방시켜 진리와 정신적 자유를 추구할 수 있는지를 연습하는 거지.

THE LAST CLASS OF THE PHILOSOPHER

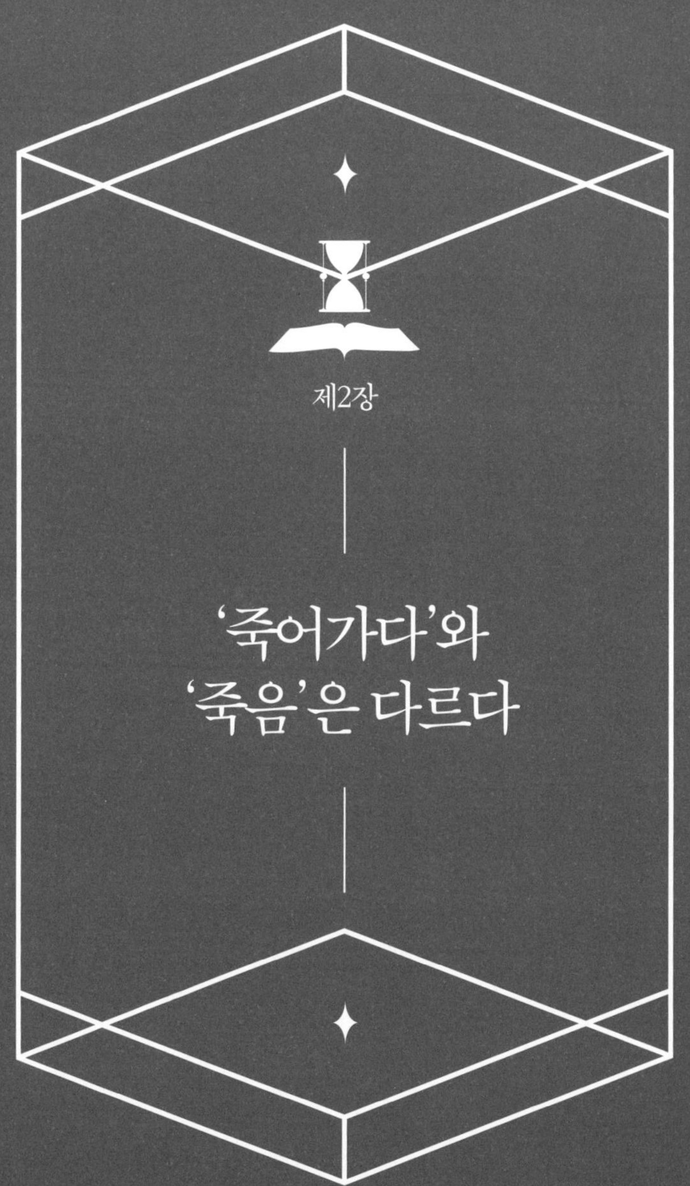

제2장

'죽어가다'와
'죽음'은 다르다

생명의 끝자락에서 나의 목표는 하나였다. 바로 많은 이들이 죽음에 대한 불필요한 두려움을 없애는 데 도움을 줄 수 있도록 이 책을 완성하는 것이었다.

직장암 확진을 받은 것은 2022년 가을이었다. 확진 당시 나는 이미 말기에 접어든 상태였다. 당시 의사는 나에게 3~5년 정도의 시간이 남았다고 말했다. 그 사이 암세포는 나의 몸을 조금씩 조금씩 갉아먹었다.

　나는 통증과 싸우는 데 많은 시간을 쏟아야 했다. 화학 성분의 약물이 혈관을 통해 내 온몸에 흐르면서부터 구강 막, 식도, 위, 소장, 대장, 항문까지 모든 점막이 파괴되었다. 그건 마치 쌀알을 삼켰을 때 그 쌀알이 지나가는 곳곳마다 통증이 느껴지는 것과 같았다.

　2024년 6월 중순 무렵 아랫배가 불룩 나온 것을 발견했다. 일반적으로 암 환자들은 점차 살이 빠져서 말라가는 게 보통인데 말이다. 일련의 검사 끝에 의사는 이렇게 설명했다. 살이 쪄서 배가 나온 것이 아니라 암세포가 복막을 파괴해서 복수가 차오르기 시작했다고 말이다. 이제 내 생명은 정말 끝자락에 이르러 기껏해야 한 달 남짓의 시간이 남았다고 했다. 더 이상 손쓸 수 없는 지경에 이른 것이다.

당시 나는 모든 것이 뒤죽박죽이 된 듯한 혼란스러움에 허덕였다. 아침 7시쯤이면 간병인의 부축을 받고서야 비로소 병상에서 몸을 일으켜 앉을 수 있었다. 하지만 그나마도 겨우 10분 정도에 그쳤다. 몸 상태가 좋은 날이면 간병인의 도움을 받아 휠체어를 타고 병동의 정원으로 나가 햇볕을 쬐었다. 하지만 그것도 길어봤자 15분에 불과했다. 나는 금세 피곤함을 느끼고 서둘러 병실로 돌아가야만 했다.

예전부터 먹성이 좋은 편은 아니었지만, 병세가 위중해지면서부터는 도통 아무것도 먹을 수 없었다. 그런데 왠지 친구들과 식사하던 기억들이 새록새록 떠올랐다. 음식점에서 요리를 주문하고 왁자지껄 수다를 떨던 그 시간이 그리웠다. 병동 정원에서 햇볕을 쬘 때면 도로 맞은편의 오리요리 전문점을 바라보며 그저 눈으로만 배를 채웠다. 한 번은 잠자기 전에 휴대전화를 들여다보다 우연히 허난(河南) 국수 요리 동영상을 보게 됐는데, 어찌나 군침이 돌던지 국수를 먹는 꿈을 꿨을 정도였다.

나는 본래 등산이나 트래킹을 좋아했다. 특히 사람들의 발길이 드문 야산을 오르는 것을 즐겼다. 혼자서 새벽에 해가 뜨기 전에 집을 나서 해가 질 때까지 피곤함도 모른 채 산을 올랐다. 주변이 온통 암흑에 휩싸일 때까지 계속해서 산을 탔다. 하지만 이젠 그 모든 것이 불가능해졌다. 호스피스 병동에 들어오기 전부터 이미 나는 혼자서 걷는 것조차 힘들 정도로 쇠약해져 있었다. 당시 나의 복수 제거 수술 때문에 작은 아들이 베이징으로 와 병원 근처 호텔에서 묵었는데, 나는 그저 병원 창문을 통해 호텔 방과 레스토랑을 바라볼 수밖에 없었다.

언젠가 한 선배로부터 전동 휠체어를 선물 받았을 때만 해도 나는 가족들과 산책하러 나가면 휠체어를 최고 속도로 높여 앞장서 달려가곤 했다. 마치 자가용을 운전하는 것처럼 아무도 따라오지 못할 정도로 질주했다. 그러나 거동

  철학자의 마지막 수업

조차 점점 어려워진 지금은 휠체어도 누군가가 밀어줘야 했다. 휠체어에 달아놓은 등산용 지팡이로 엘리베이터를 탈 때 버튼을 누르는 것만이 나에게 허락된 유일한 행동의 자유였다. 이런 현실에도, 남들은 믿지 않을지 모르지만 나는 여전히 죽음을 하나의 즐거운 일로 여겼다.

죽음은 삶의 끝이 아니다

어느 날 청년이 나에게 이렇게 물었다.

"선생님에게는 어째서 죽음이 매우 즐거운 일인가요? 제 주변에서 일어난 죽음을 살펴보면 하나같이 매우 고통스러운 일이었습니다. 소크라테스도 말하기를 즐거움과 고통은 원수지간으로 동전의 양면처럼 언제나 동시에 혹은 연달아 찾아온다고 했습니다."

사실상 이것은 매우 복잡한 화제다. 나 역시 처음엔 깊이 절망해서 대단히 수동적이고 나약한 상태가 되었다. 하지만 이는 죽음과는 다르다. 우리는 '죽어가다'와 '죽음' 즉, 영어로 'dying'과 'death'를 구분해야 한다. 죽어가는 것은 매우 고통스러운 과정이고, 죽음은 그 과정의 종결을 의미한다. 우리는 대개 죽음을 향하는 과정은 외면한 채 죽음 자체에만 지나치게 매몰되어 있다. 이것도 일종의 편견이다.

우리가 죽음과 생명의 관계를 탐구할 때 가장 일반적인 견해는 "죽음은 종점이다."라는 것이다. 사람들은 대개 죽음을 하나의 목적지라고 생각한다. 왜냐하면 인간은 태어난 순간부터 죽음을 향해 나아가기 때문이다. 이러한 견해는 "죽음은 삶이 만든 최고의 발명품이다."라는 말과도 연결된다. 이는 1995년 애플의 전 CEO이자 공동 창립자인 스티브 잡스(Steven Paul Jobs)가 인터뷰에서 밝혔던 죽음에 대한 그의 관점이기도 하다.

유전학의 관점에서 보면, 우리가 생존하는 목적은 바로 유전자를 전파하는 것이다. 자연 생태계에서는 자기 몸을 먹이로 희생하며 자손을 전파하는 동물들이 많다. 가령 암

　　　　　　　철학자의 마지막 수업

컷 연어는 대부분 산란 후 2주 만에 죽는다. 그리고 죽은 연어들의 몸은 부화한 어린 치어들이 성장하는 데 필요한 영양분을 제공해 준다.

이렇게 보면 죽음은 생명의 일부분이다. 죽음은 결코 생명에 대한 부정이 아니라 긍정이자 거듭남(再生)이다. 영생(永生)과는 반대로, 이는 세상에 기회를 준다. 죽음은 개인의 영혼이 거듭나는 것만을 의미하는 것이 아니라 이 세상의 삼라만상이 새롭게 거듭나는 것을 의미한다. 만일 이 세상의 모든 것들이 영원토록 존재한다면 새로운 생물이 영원히 탄생하지 않을 것이다. 이 세상은 여분의 공간이 없이 낡고 오래된 것들로만 가득할 것이다. 상상만 해도 끔찍하지 않은가?

청년은 또 이런 질문을 했다.

"그러한 의미를 이해한다는 가정 아래 그렇다면 저는 어떻게 죽음에서 즐거움을 찾아야 할까요?"

아주 좋은 질문이라는 생각이 들었다. 우리가 어째서 이토록 죽음에 관심이 많은지 핵심을 짚어냈기 때문이다.

우리는 주체적 존재로서 유일무이한 개체다. 풀이나 나무처럼 '부류(部類)'로서 존재하지 않는다. 우리는 풀이나 나무는 언제나 재생 가능하다고 여긴다. 설령 시들어 죽어도 어느새 다시 자라 푸릇한 풀밭이 만들어지니 말이다.

사실 사람도 풀과 나무처럼 '종류'의 존재로 돌아갈 수 있다. 만일 우리가 자신을 개별적인 주체에서 좀 더 넓은 의미의 보편적인 '인류'로 바라본다면 우리는 풀과 나무처럼 '끊임없는 생명 순환'을 이룰 수 있다. 즉, 첫 번째 의미의 '생(生)'은 생명 자체이고, 두 번째 의미의 '생'은 죽음에서 다시 거듭나는 '생명력' 자체를 의미한다. 동양 문화권에서는 이러한 관념에 대한 이해가 비교적 깊은 편이다. 가문의 '끊임없는 생명 순환'은 개인의 장수나 혹은 영생을 통해 그 가치를 실현한다는 뜻이 아니다.

청년이 또 물었다.

"우리가 한평생 살아가면서 '끊임없는 생명 순환'을 직접 느끼는 순간은 매우 드물 것 같습니다. 얼핏 듣기에는 비

철학자의 마지막 수업

현실적이고 막연하게 느껴집니다. 선생님은 구체적으로 어떤 순간에 그런 느낌을 받았습니까?"

이것이 바로 우리가 때로는 '무아(無我)'를 추구해야 하는 이유다. 자신의 욕망을 중시하는 개인적 존재로서의 소아(小我)를 완전히 버리기는 매우 어렵다. 하지만 굳이 버릴 필요는 없다. 다만 '소아'뿐만 아니라 우주적 존재인 '대아(大我)'의 관점에서 자신의 생명을 대해야 한다.

얼핏 듣기에는 황당무계한 말처럼 느껴지겠지만, 사실 그런 의미에서 개체의 죽음은 '인류'를 위한 하나의 공헌이라고 할 수 있다. 만일 이를 실현할 수 있다면 우리는 왜 죽음이 위대한 발명이고 '끊임없는 생명 순환'의 근원이며, 또한 대단히 축하할 만한 일이라는 것인지 이해할 수 있을 것이다.

죽음에서 느끼는 즐거움은 정서적인 즐거움이 아니다. 단지 객관적인 차원에서 즐거워할 만한 가치가 있는 일인 것이다. '죽어가다'와 '죽음'의 정의를 통해 살펴봤을 때, 한 개체로서 온전히 느낄 수 있는 죽음의 과정이 매우 고통스러운 것은 사실이다.

전통적인 관념에서 인류가 죽음을 두려워하지 않고 순환으로 받아들일 수 있었던 것은, 그들이 나라는 유한한 개체에 집중하기보다는, 시대를 초월하여 인류라는 종의 영속성을 믿었기 때문이다. 아리스토텔레스가 말한 것처럼 '인간은 이성적 동물'이어서다.

『소크라테스의 변론』에서 아마 사람들은 소크라테스처럼 깊은 학문과 인격, 주체성을 가진 이의 죽음을 거대한 손실이라고 느꼈을 것이다. 이러한 손실을 막기 위해 오늘날 사람들은 다양한 의학적 시도를 한다. 가령 생명 유지 장치를 몸에 달아 조금이라도 죽음을 늦추려고 애쓴다. 그러나 소크라테스는 죽음 앞에서 대단히 평온했을 뿐만 아니라 오히려 즐겁게 죽음을 받아들였다. 사실 대자연의 순환을 이루는 생명체의 일부로서 우리가 죽음을 받아들이지 않는다면 달리 방법이 있겠는가?

그러나 우리는 사람을 대하는 또 다른 관점 즉, 사람을 하나의 현상으로 바라보는 '인간 현상의 관점'을 소홀히 해왔다. 아리스토텔레스가 주장한 본질주의에서는 인간을 이성적 동물이라고 간주한다. 반면에 현상주의[5]에서 바라보는 인간은 바로 스핑크스의 수수께끼에 등장하는 모습 그대로다.

스핑크스는 고대 그리스 신화에 나오는 사자의 몸과 독수리의 날개, 여인의 얼굴을 가진 반인반수의 괴물로, 고대 그리스 중부 지역의 테베로 들어가는 계곡에 살았다고 전해진다. 스핑크스는 계곡을 지나다니는 사람들에게 수수께끼를 내고, 알아맞히지 못하면 모조리 잡아먹었다. 수수께끼는 이랬다. "아침에는 네 발로 걷고, 점심에는 두 발로 걸으며, 저녁에는 세 발로 걷는 것은?"

수수께끼의 정답은 '인간'이다. 세 발로 걷는다는 것은 하나의 은유다. 나이가 들수록 우리의 몸과 마음은 점점 분리되어 간다. 마음은 매우 성숙해지지만, 몸은 통제 불능이 된다. 그 상태는 마치 '소라게'로 변한 것처럼 고통스럽고 지지부진하다. 이것이야말로 바로 진정한 죽음이다.

5　물리적 사물이나 존재의 본질은 인간의 지각이나 감각 경험 즉, 현상을 통해서만 인식될 수 있다는 철학적 입장-역주

소라게로 변하다

2024년 4월 나는 중국 런민대학교 봄 학기에 류창(劉暢) 교수와 함께 철학 강의를 이끌면서 '형체화(embodiment)'에 대해 토론한 적이 있다. 이때 류창 교수는 소라게의 비유를 들었다. "우리가 '형체화'에 대해 이야기할 때 우리는 소라게일까? 만일 우리가 소라게처럼 형체화되었다면, 나는 나의 몸 안에 숨어서 중추신경과 뉴런을 통해 나의 뇌를 통제하고, 나의 뇌는 다시 내 몸을 조종하며, 또 내 몸은 다시 세계와 교류하겠죠. 그렇다면 컴퓨터 작업을 하면서 마우스를 움직일 때 내가 직접 마우스를 움직이는 걸까 아니면 먼저 나의 손을 조종한 후에 마우스를 움직이는 걸까?"

당시 나는 직장암 환자로서 이미 혼자 힘으로 일어설 수 없는 상태였다. 나는 등산용 지팡이에 의지해 천천히 나의 몸과 팔, 다리의 모든 근육을 조종해야만 겨우 '일어서는 것'과 같은 지극히 단순한 행동도 해낼 수 있었다. 철저하게 '소라게'가 된 듯한 느낌이었다. 시시각각 나의 영혼은 내 몸으로부터 점점 더 멀어지고 있었다.

내 생명의 끝이 어디인지 안다는 것이 나에겐 그다지 나쁜 일이 아니었다. 오히려 일종의 평안을 가져다주었다. 그러나 막상 내가 소라게와 같은 형식으로 존재하기 시작했을 때 죽음이라는 과정은 참으로 강렬하고, 갑작스럽고, 또 고통스럽게 찾아왔다. 예전에는 미처 깨닫지 못한 일들이었다. 설상가상 항암치료의 부작용으로 생긴 통증과 탈모, 피부염은 나의 고통을 더욱 가중했다.

그러므로 죽음을 대할 때 우리는 마땅히 '죽어가다'와 '죽음'을 구분해야 한다. 죽어가는 것에 관심을 집중하되 죽음 자체에 과도하게 몰입해서는 안 된다. 후자는 인류 역사에서 매우 완고한 사유의 오류라고 할 수 있다.

죽음에 관해서는 오로지 소설뿐이다

청년 제가 초등학생 시절이랑 고등학교 시절에 '죽음'이라는 개념에 사로잡혔던 적이 있습니다. 그 개념의 두려움에 계속해서 빠져들었어요. 그때 왜 그랬는지는 저도 잘 모르겠습니다만, 선생님의 설명을 듣고 보니 당시 제가 몰입했던 것은 죽음이지 죽어가다는 아니었던 것 같아요. 왜냐하면 그때 저는 굉장히 건강했었거든요. 그런데도 아무것도 하고 싶지 않았어요. 그저 죽음이 무엇인지 알고 싶었습니다.

주루이 우리가 '죽음'에 집중하는 데는 한 가지 논리적 역설이 있어. 우리는 자신이 아직 존재한다는 사실은 외면한 채 자신의 '죽음'만을 상상한다는 거지.

사실상 죽음은 개인과 아무런 관련이 없어. 그 누구도 죽음을 온전히 경험할 수가 없네. 프랑스 철학자 장 뤽 낭시(Jean Luc Nancy)는 죽음에 관해서 전기문은 없고 오로지 소설뿐이라고 말한 적이 있네. 죽음에는 주체가 없어. 마치 번데기가 나비로 변하는 것처럼 일종의 '영원히 순환하는 발전'이지. 그리고 우리는 종종 방관자의 관점에서 자기 죽음을 바라보네. 쾌락주의를 주장한 에피쿠로스 학파는 우리가 죽음을 두려워하는 방식이 논리적으로 모순된다고 여겼네. 우리는 자신이 죽은 뒤 그곳에 있다고 상상하면서 늑대에게 몸이 갈기갈기 찢기는 것을 지켜보고, 자기의 아이가 가정의 따뜻한 보살핌을 받지 못할 거라며 슬퍼하지. 하지만 이러한 것들은 모두 진지한 상상일 뿐이야. 자네는 자기 죽음을 삼인칭 관점이나 일인칭 관점으로 볼 수가 없을 걸세. 그러니, 죽음은 '자네'와는 아무런 상관이 없어. 그렇지 않나?

청년 하지만 다른 주장도 있습니다. 죽음은 오직 나만 경험할 수 있고, 그 누구도 나를 대신해서 경험할 수 없습니다.

주루이 그것이 바로 죽음이야. 죽음은 주체가 있고, 고독하며, 그 누구도 대신할 수 없지. 하지만 죽음은 죽어가는 과정의 종착지야. 죽어가는 과정이 고통스러울수록 죽음은 상대적으로 한층 긍정적이 되지. 왜냐하면 죽음은 생명에 대한 부정이 아니라 죽어가는 것에 대한 부정이니까. 죽음은 생명에 대한 긍정이라네.

청년 어떤 의미에서 죽음이 생명에 대한 긍정이 될 수 있
을까요?

주루이 죽음은 영원한 순환과 발전이야. 이러한 신진대사를
통해 새로운 생명이 다시 태어나는 거지. 그건 마치
풀밭과 같아. 얼었던 땅이 봄이 되자 녹아 진흙이 되
어 꽃을 보호하는 것처럼 말이야. 이는 현상학적 측
면에서 이해하는 죽음이자 일종의 사실이지. 만약 이
세상에 죽음이 없다면 어떨까? 가령 나의 암세포가
죽음을 거부한다면 말이야. 자네는 이 세상이 암세포
로 가득하길 바라나? 죽음을 거부하는 암세포란 개
체의 불멸로 생명을 배척하는 것이나 다름없네.

청년 그럼 헬라(Hela) 세포는 어떻게 이해하십니까? 아프
리카계 미국인 여성 헨리에타 랙스(Henrietta Lacks)가
자궁경부암으로 사망한 뒤, 의사들은 그녀의 종양에

 철학자의 마지막 수업

서 샘플을 채취하여 헬라 세포라고 이름을 붙이고 실
험실에서 배양했습니다. 헬라 세포는 의학사상 최초
로 인공 배양된 '불멸'의 세포가 되었습니다. 헬라 세
포는 의학적으로는 매우 중요한 의미를 지니지만, 이
러한 세포의 불멸성이 인간에게 어떤 의미일까요?

주루이 그것이 바로 세포와 유기체의 차이일세. 불멸의 세포
는 생명체의 영원한 생존을 증명할까 아니면 생명체
가 생존할 수 없다는 것을 의미할까? 세포의 신진대
사는 생명 유지의 전제이자 토대이네. 세포의 죽음은
생명이 날마다 경험하는 것으로 축하할 만한 가치가
있어.

청년 헨리에타의 후손들은 헬라 세포의 존재에 대해 매우
복잡한 태도를 보입니다.

주루이 나는 그것이 여러 과학적, 윤리적 문제와 관련되어
있다고 생각하네. 우리는 미시적인 관점에서도 생명

을 살펴볼 수 있지. 태초에 탄소와 수소는 특정 환경에서 안정적인 구조를 만들어냈고, 그 뒤에 세포가 출현했지. 이어서 유기체가 생겨나고 마침내 개체가 만들어졌어. 우리는 이러한 생명의 단계를 구분할 필요가 있어. 하지만 내가 다시 한 번 강조하고 싶은 것은 이 모든 단계에서 죽음은 정상적인 현상이라는 점이네. 죽음은 생명에 대한 부정이 아니라 긍정이라는 거야.

죽음에 대한 두려움은 대부분 문화적, 종교적 상상에서 비롯되었네. 예컨대 오늘 아침 나는 네덜란드 화가 히에로니무스 보스(Hieronymus Bosch)가 1490년에서 1510년 사이에 그린 삼부작 '세속적인 쾌락의 동산'[6]을 떠올렸네.

청년　학생 시절에 미술 선생님이 이 그림을 확대된 부분을

6　죽음에 대한 두려움은 주로 문화적, 종교적 상상에서 비롯된다. 삼부작 「세속적인 쾌락의 동산」은 네덜란드 화가 보스가 상상했던 '에덴', '지상의 낙원', '지옥'을 각기 묘사하고 있다.

보여주신 적이 있었는데, 대부분의 팔다리가 존재의
고통을 묘사하고 있었습니다.

주루이 다른 사람들도 죽음에 대해 이와 비슷한 두려움을 품
고 있을까? 아마도 아닐 걸세. 우리는 두려움보다는
걱정을 더 많이 하지. 이는 우리의 전통적인 가족 문
화가 해석하는 죽음을 보여주네. 그래서 죽음에 대한
우리의 상상 대부분은 죽음에 대한 문화적 잠식이라
고 할 수 있지.
기독교적 관점에서 보면 죽음에 대한 두려움은 죽음

히에로니무스 보스, 「세속적인 쾌락의 동산(Tuin der lusten)」, 1490 – 1510

그 자체가 아니라 지옥의 고통에서 비롯된 것이야. 엄밀하게 말하자면, 죽음에 대한 우리의 두려움은 죽음 자체가 아니라 그 결과에 대한 두려움이라네.

청년 죽음과 죽어가는 것을 구분하고 난 뒤에는, 죽음의 과정을 어떻게 헤쳐 나가야 할까요? 선생님은 줄곧 낙관적이셨는데, 우리는 어떻게 해야 죽어가는 과정에서 최대한 즐겁게 살 수 있을까요?

주루이 그건 매우 중요한 문제이지만 나는 대답을 해줄 수가 없겠군. 죽어가는 과정은 대단히 외롭고, 그 누구도 대신해 줄 수 없는 매우 중요한 과정으로서 생명에 대한 가장 큰 부정이야. 죽어가는 과정에서 우리는 절망감을 느끼게 되지. 그건 일종의 고통의 심연이야.

생명의 끝자락에 있는 나는 지금 이 책을 완성하는 것이 유일한 목표라네. 그래서 많은 이들이 죽어가는 것과 죽음을 구별하여 죽음에 대한 불필요한 두려움에서 벗어날 수 있게 되길 바라네.

더 나아가 전통에 잠식된 채 죽음 자체에 대한 끝없는 상상에 빠지는 것이 아니라 좀 더 이성적이고 현실적인 방법으로 죽음에 접근할 수 있게 도와주고 싶어.

THE LAST CLASS OF THE PHILOSOPHER

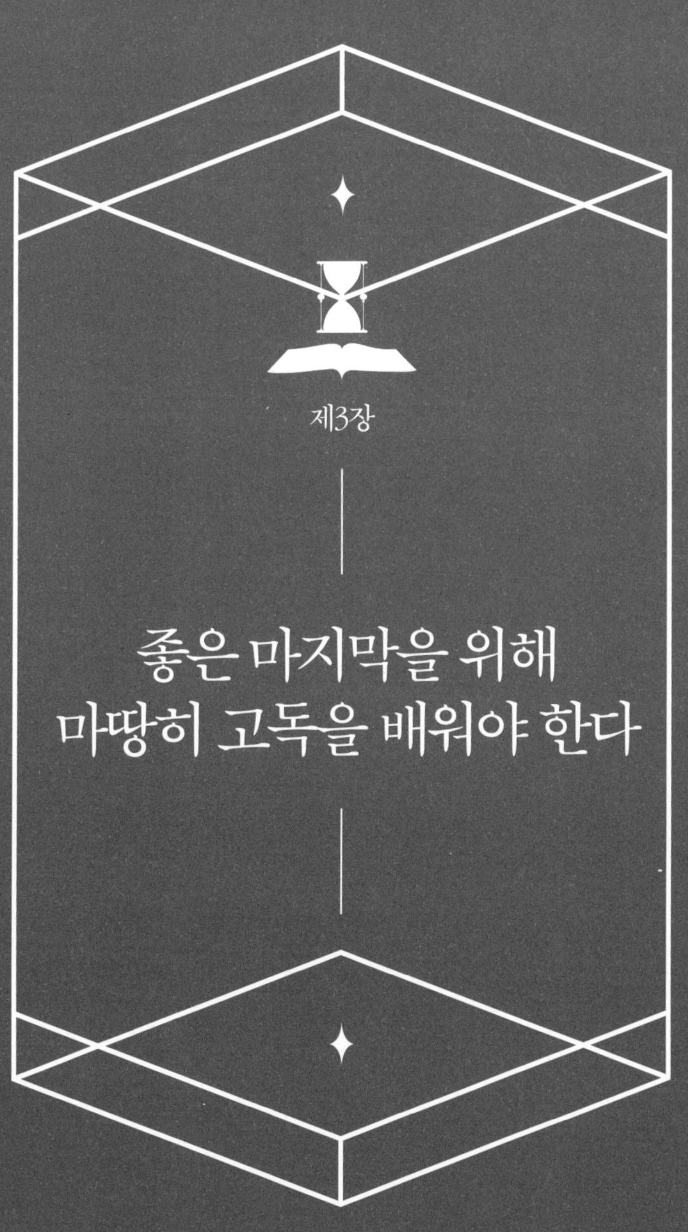

좋은 마지막을 위해 마땅히 고독을 배워야 한다

우리는 마땅히 고독을 배워야 한다. 영혼 깊숙한 곳에 고독한 공간을 지키며 묵묵히 자기의 생각을 키워나가고, 냉철하면서도 열정적인 눈으로 이 세상을 바라봐야 한다. 그 어떤 환상이나 추측은 내던지고 적극적으로 살아가야 한다.

만일 한 폭의 그림이나 풍경으로 선생님의 생명을 그려낸다면 어떤 모습인가요? 내가 호스피스 병동에 입원한 지 삼 일째 되었을 때 청년이 나에게 이런 질문을 던졌다.

청년 제 생각에 이것은 나이나 인생 경험과 밀접한 관계가 있는 것 같아요. 아마 인생의 단계마다 저마다 다른 대답을 할 것 같습니다. 예컨대 편집일을 하는 제 친구는 자신의 인생을 그려낸다면 말을 타는 모습일 거라고 했어요. 말 위에 올라탈 수도 있고, 채찍을 들고

  철학자의 마지막 수업

말 뒤를 쫓아갈 수도 있는데, 중요한 것은 그 말을 제대로 찾아내는 거라고 하더군요. 근데 그 친구의 초등학교 5학년생인 어린 딸은 관람차를 타고 있는 거라고 대답했어요. 관람차가 회전하면서 위로도 올라가고 아래로 내려가기도 하는데, 자신은 계속 그 안에 타고 있다고요.

저도 그 말을 듣고 한참 생각을 해봤는데요. 저의 대답은 바위를 산꼭대기로 밀고 올라가는 일을 끊임없이 반복하는 형벌을 받은 그리스 신화 속의 시지프스라는 생각이 들었습니다. 왠지 저는 계속해서 바위를 밀고 산을 올라가도 언제나 원점으로 되돌아오고 마는 것 같거든요. 아마도 저의 인생 경험 때문일 거예요. 도시에서 나고 자라서 아직까지도 이곳에서 벗어나지 못하고 있으니까요.

나의 대답은 인생의 단계마다 달랐다.

자유에 대한 갈망: 윙슈트 플라잉

열 살 무렵 나는 똑같은 꿈을 연거푸 꾸곤 했다. 꿈속에서 하늘을 날았는데, 그저 사람들 머리 위로 날아다니는 정도 였지만 무척이나 자유롭게 느껴졌다.

한참 크고 나서 실제로 익스트림 스포츠 중에 특별히 제작된 윙슈트를 입고 높은 곳에서 뛰어내려 자유 비행하는 윙슈트 플라잉(Wingsuit Flying)이라는 것이 있다는 것을 알게 되었다. 익스트림 스포츠에 대한 개념조차 없던 어린 나는 그저 꿈속에서 날아다니던 그 느낌이 무척이나 좋았다는 기억만 남아 있다.

돌이켜보면 지금까지의 나의 삶의 방식은 아마도 '윙슈트 플라잉'에 대한 어떤 갈망의 표출이지 않았나 싶다. 나는 세계 각국의 수많은 명소를 두루두루 돌아다녔는데, 실상은 자유롭게 날고 싶은 꿈을 실현하려는 열망이 내재되어 있었던 것 같다. 그래서 윙슈트 플라잉은 내 생명의 첫 번째 풍경이라고 할 수 있다.

영혼 속 고독의 공간: 서리

당신의 마음 속에 생명의 풍경으로 떠오르는 이미지는 무엇인가? 솔직히 이 질문을 들었을 때 내 머릿속에서 가장 먼저 떠오른 것은 한 폭의 그림이었다. 바로 프랑스 인상파 화가 카미유 피사로(Camille Pissarro)의 「서리」다.

1873년 프랑스 파리 북서부 교외의 작은 도시인 퐁투아즈(Pontoise)에서 그려진 이 그림 속에는, 중년의 남자가 장작더미를 짊어지고 서리로 뒤덮인 길을 걸어가는 모습이

카미유 피사로, 「서리(Hoarfrost)」, 1873

담겨 있다.

이 그림은 아마도 내가 중년기에 접어들었을 때 한동안 고독과 그 고요함을 즐기던 심리상태를 대변하고 있는 것 같다. 그림 속 중년 남자는 장작더미를 짊어진 채 서리로 뒤덮인 길을 걸어가고 있다.

내가 「서리」라는 작품을 좋아했던 이유는 고독하되, 처량하거나 불쌍한 느낌이 없기 때문이다. 오히려 피사로가 그려낸 설경 속에서 그림 속 인물의 고독이 대단히 아름답게 느껴졌다.

나는 줄곧 고독을 좇았지만, 이는 사회적인 측면이 아니라 이성적인 측면에서의 고독이었다. 나는 친구들도 많았고, 또 그들과 어울리기를 즐겼다. 그러나 무릇 사람은 마땅히 고독을 배워야 한다. 영혼 깊숙한 곳에 고독한 공간을 지키며 묵묵히 자기의 생각을 키워나가고, 냉철하면서도 열정적인 눈으로 세상을 바라봐야 한다. 동시에 그 어떤 환상이나 추측은 내던지고 적극적인 태도로 살아가야 한다. 차가운 고독 속에 뜨거운 열정을 품은, 바로 「서리」처럼 말이다.

 철학자의 마지막 수업

요즘 젊은 세대들의 표현을 따르자면, 나는 영혼이 재미있는 사람과 어울리는 것을 좋아했다. 류창 교수가 바로 그런 사람이었다. 며칠 전에도 나는 그와 전화로 수다를 떨었다. 호스피스 병동에서 지내자니 할 수 있는 일이 없어서 따분하다고 투덜대며 노래 한 곡을 불러 달라고 농담을 했는데, 그는 전화를 끊은 뒤 바로 근처 공원에 차를 세우고서는 노래를 부르는 영상을 찍어서 보내주었다.

당시 그가 부른 노래는 치친(齊秦)의 「밤밤밤밤(夜夜夜夜)」이었다. "당신은 억지로 나를 사랑한다고 말할 필요 없어요. 어차피 나의 영혼은 조각조각 찢겨 나갔고, 다시 천천히 조각조각 이어져 이전의 나와는 전혀 다른 내가 되어 가고 있어요."

그는 평소 셀카나 영상을 즐겨 찍는 편이 아니라서 핸드폰 속 영상의 구도가 엉성하기 짝이 없었다. 하지만 그 안에 담긴 그의 눈동자와 콧구멍에 장난기가 듬뿍 담겨 있는 것이 느껴졌다.

몸과 영혼의 점진적 분리: 크리스티나의 세계

내 생명의 세 번째 풍경은 1948년 미국 화가 앤드루 와이어스(Andrew Wyeth)가 그린 「크리스티나의 세계」라는 그림이다. 그림의 주인공은 와이어스의 이웃이자 친구인 크리스티나 올슨이었다. 그림에서 소아마비를 앓는 크리스티나는 밀밭을 기어가고 있는데, 그녀의 몸동작이 약간 기형적이다. 저 멀리 떨어진 곳에 있는 낡고 회색빛이 도는 농가가 메마른 풀잎, 어두컴컴한 하늘과 더불어 하나로 어우러져 있다.

크리스티나는 꿈쩍도 하지 않은 채 자기 집인 낡은 농가를 바라보고 있다. 농가는 또렷하게 보이지만, 그림의 구도상 귀퉁이에 위치해서 지평선과 맞닿은 채 멀면서도 또 가까워 보인다. 나는 그 그림에서 현재 나의 몸 상태를 보는 듯한 느낌이 들었다. 혼자 힘으로는 아무것도 할 수 없는 몸뚱이를 이끌고 사실은 매우 가까운 곳에 있는 나의 마지막 안식처를 찾아가는 듯했다.

나는 고독하면서도 도달할 수 없는 목표에 초점을 맞춘

이 그림이, 마치 죽음의 과정을 표현하고 있다는 생각이 들었다. 그 과정을 나는 점진적 분리라고 부르는데, 이는 매우 현실적이면서도 다소 잔혹한 생존방식이다. 소라게처럼 내 몸을 내 마음대로 다루지 못하게 되기 때문이다. 나의 상황을 예로 들면, 다리를 들어올리는 것조차 버겁고 심지어 불가능할 때가 있다. 물 한 잔 마시려고 해도 힘들기만 한 것이 모든 동작 하나하나가 버겁기만 하다. 저 멀리 보이는 마지막 안식처를 간절히 바라지만 쉽게 닿을 수가 없다. 나는 더 이상 혼자 힘으로는 그곳에 도달할 수 없게 되었기 때문이다.

암세포가 꼬리뼈까지 전이된 후로 나는 하체를 움직일 수 없게 되었다. 지금도 호스피스 병동으로 찾아오는 제자나 친구들과 이야기를 나누고 싶어도 스스로 앉을 수가 없다. 기껏해야 병상의 높이를 30도 정도 조정해서 그들과 눈을 마주하는 것이 고작이다. 내가 '크리스티나의 세계'로 들어오기 전까지만 해도, 나는 설령 암에 걸린다 해도 내 생활이 크게 바뀌지는 않을 거라고 여겼다.

2022년 8월에 암을 확진을 받았을 때만 해도 나는 그저 이틀 정도 우울했을 뿐이었다. 슬프지도 않았고 두렵지도 않았다. 그동안 줄곧 건강했기 때문에 그저 암에 걸렸다는 사실이 믿기지 않았을 따름이었다. 암 선고를 들은 순간에는 금방이라도 내가 죽을 것만 같았는데, 이틀 정도 지나 마음이 진정되자 나는 친구에게 전화를 걸어 이렇게 말했다. "우리 여행을 가자."

가장 나를 힘들게 했던 것은 항암치료 과정에서 극심한 통증으로 기력을 소진한 것이다. 그 때문에 나는 책 한 권을 제대로 읽을 수도 없었고, 등산이나 하이킹은 더더구나 불가능했다. 병이 나기 전까지만 해도 나는 하이킹을 하면서 많은 책을 읽고 또 많은 생각들을 했다. 몸을 제대로 통제하지 못한다는 것은 곧, 삶의 주도권을 잃는 것을 의미했다.

다행히 병에 걸린 뒤로 수면의 질은 훨씬 좋아졌다. 전에는 서류 작성이나 신청서 제출과 같은 잡다한 업무로 걱정이 많았는데, 이제는 더 이상 그런 걱정을 할 필요가 없어졌기 때문이다.

확진을 받고 2년째가 되면서부터는 나의 일상생활에서

'수동적인 오락'이 점점 많아졌다. 때로는 잠에서 깨자마자 TV를 봤는데, 특히 「나의 연대장, 나의 연대(我的團長我的團)」라는 드라마는 서너 번을 반복해서 봤다. 드라마 속에서 죽음과 거듭남을 깊이 있게 다루는 점이 좋았다.

2024년 여름에는 유러피언컵 8강전 중계방송에 정신없이 빠져 지냈다. 그러나 이삼 주 뒤 호스피스 병동에 입원한 뒤로는 더 이상 TV를 볼 기력도 없었다. 나는 축구 애호가도 아니었고, 또 특별히 좋아하는 축구팀이 있는 것도 아니었다. 경기를 보는 즐거움은 그저 수많은 사람이 진지하게 즐기는 오락에 함께 끼어들어 어울리는 데서 오는 것이 전부였다. 내가 마지막으로 읽은 책은 『파이 PHI: 뇌로부터 영혼까지의 여행』이었다. 내가 더 이상 책을 읽을 기력이 없다는 걸 깨달았을 때는 진심으로 슬펐다.

나는 내 죽음을 바라보고 있다: 최후의 심판

호스피스 병동에서 나는 대부분의 시간을 병상에 누워 매

시간 진통제를 먹으며 지냈다. 장폐색을 막기 위해 음식을 먹을 수도 없었고, 그저 영양수액으로 몸에 필요한 에너지를 섭취했는데, 때로는 다른 사람들이 먹는 모습을 보면 무척이나 부러워졌다. 앞에서 언급한 적이 있지만, 병에 걸리기 전까지만 해도 나는 그다지 먹는 것을 즐기지 않았다. 그래서 내가 이렇게 음식을 갈망하게 될 줄은 꿈에도 몰랐다.

몸을 잃는 과정은 불과 1주일 만에 벌어졌다. 꼬리뼈에 전이된 종양이 하체의 신경을 눌렀다. 처음에는 하체의 통증이 다리에 피가 통하지 않는 것처럼 저리는 느낌에 불과했지만, 나중에는 점점 압박감이 심해지면서 다리에 힘이 빠지더니 거동에 제한이 생기기 시작했다. 복수 또한 갑자기 차올랐다. 암세포가 복막 혈관의 투과성을 증가시켜 체액이 복강으로 스며들었다. 복수가 상복부와 하복부 전체로 퍼져 호흡과 식사가 힘들어졌다. 그로 말미암아 몸이 급격히 마르면서 피골이 상접할 정도가 되었다.

지금 나의 상태는 네 번째 풍경인 미켈란젤로 부오나로티(Michelangelo Buonarroti)의 「최후의 심판」에 이르렀다고

미켈란젤로, 「최후의 심판(Last judgment)」, 1534-1541년

할 수 있다. 그림에서 예수의 오른쪽 아래편을 보면 그의 열두 제자 중 한 명인 순교자 바르톨로메오의 살가죽이 다른 사람의 손에 들려져 있다.[7]

---

7   전해오는 이야기에 따르면 바르톨로메오는 산 채로 살가죽이 벗겨지는 참혹한 형벌로 순교했다. 「최후의 심판」에서 바르톨로메오는 자신의 살가죽을 들고 있는데, 미켈란젤로는 바르톨로메오를 자신이 미워했던 아레티노로 묘사했고, 그 아레티노 손에 들린 살가죽은 미켈란젤로 자기 모습으로 묘사했다. 아레티노는 당대의 유명한 시인이자 비평가였는데, 미켈란젤로와 사이가 나빠서 종종 비방을 일삼았다. 이탈리아 속담에서 "아레티노가 나의 이 살가죽을 만들어줬다."가 여기서 유래되었는데, 누군가에게 "살가죽이 벗겨지는" 느낌을 받았을 때 주로 사용된다. —편집자 주

나는 지금 마치 뼈에 매달린 한 장의 살가죽이 된 듯한 느낌이 든다. 다만 이 '매달림'은 오히려 나에게 일종의 자유를 주고 있다. 영혼의 완전한 자유를 말이다. 이는 죽음에 대한 거대한 역설이기도 하다. 나의 마음은 대단히 성숙하고 건강하다. 하지만 나의 몸은 철저하게 통제 불능의 상태가 되었고, 인격조차 정체성을 잃었다.

생명의 마지막 일 킬로미터

청년　선생님은 등산 말고 또 어떤 운동을 좋아하시나요?

주루이　수영일세. 나는 어릴 때부터 수영을 참 좋아했어. 사람들이 나더러 물개라고 부를 정도였지. 초등학교 들어가기 전까지는 항상 물에서 놀았어. 학교에 입학한 뒤에도 수업 중에 친구들 몰래 교실을 빠져나와 수영하러 가곤 했지. 수영 선수들과 함께 수영을 한 적도 있어. 물론 그들만큼 빠르지는 못했지만, 체력은 비슷

해서 해협 정도는 거뜬히 건넜다네. 그러다 2007년
도에 그리스에서 1년을 머무르면서 하이킹과 트래킹
의 재미를 알게 되었지. 서른아홉이었는데, 그때 그
리스의 명소란 명소는 모조리 찾아다녔어.

청년 삶의 끝자락에 다다른 요즘은 하루하루를 주로 어떻
게 보내고 계십니까?

주루이 내 몸의 관점에서 말하자면, 내 몸 전체가 무너져서
점점 엉망이 되고 있지. 나의 생명력이 한 꺼풀씩 벗
겨져 나가면서 영혼도 시들어가기 시작했어. 이처럼
점진적으로 진행되는 죽음의 과정이야말로 우리가
마땅히 관심을 두고 자세히 들여다봐야 하는 것이라
네. 현실 속에서 임종을 앞둔 환자를 돌보면서 그들
이 어떤 고통을 겪는지, 그들의 삶의 질이 어떻게 점
차 감소되고 소진되는지를 살펴봐야 하네. 그다음에
는 우리가 실제로 이러한 문제를 어떻게 다루고 있는
지를 반성해야겠지.

호스피스 병동에서는 의료진과 보호자들이 '죽어가
는 것'에 모든 힘을 쏟아붓네. 여기서는 나의 생명을
조금이라도 유지하려고 새롭거나 혹은 고통스러운
의료적 행위를 하는 데 힘을 쏟지 않아. 대신, 환자
가족들을 초청해서 가족 모임을 열고, 앞으로 환자에
게 일어날 상황을 자세하게 설명해 주고, 그에 따른
치료 방법이나 장례 절차를 평화롭게 논의하며 합의
를 끌어낸다네. 임종자의 '크리스티나의 세계'를 돌
보고, 그 속으로 들어가서 '생명의 마지막 1킬로미터'
를 동행하며 작별 인사를 할 준비를 하는 거지. 나는
이것이야말로 대단한 발전이라고 생각하네.

청년 그 시간 동안 다른 즐거운 순간들도 있었나요?

주루이 당연히 있지. 나에게는 우리 둘의 교류가 바로 가장
큰 위안이라네. 또 자네가 나에게 선물해 준 날아다
니는 장난감이 특히나 큰 기쁨을 줬지. 날개를 끼워
넣으면…… 파랑새가 날아서 메시지를 건네주고……

  철학자의 마지막 수업

윙슈트 플라잉이 떠오르기도 하고…… 정말 고맙네. 친구와 수다를 떨고, 햇볕을 쬐고, 물을 마시고, 다리를 움직이는 것도 하나의 즐거움으로 변했네. 과일 한 조각을 먹거나 혹은 주스로 목을 축이는 것도 그래. 나는 장폐색을 일으킬 수 있어서 과육은 먹을 수가 없거든. 평소에는 관심을 기울이지 않던 사소한 일들이 지금은 나에게 크나큰 즐거움이 되었다네.

청년 (죽어가는 과정에서) 가장 행복한 순간을 하나 혹은 세 가지를 꼽는다면요?

주루이 첫 번째는 영혼의 교류야. 우리 두 사람의 교류가 지금 나에게 가장 큰 행복이라네. 두 번째는 아침에 밖에 나가서 햇볕을 쬐며 거리를 바라보는 일이지. 그리고 세 번째는 밤에 편하게 자고 나서 죽음이 다가오기를 기다리는 거지.

청년 선생님은 거리의 어떤 광경을 주로 눈여겨보십니까?

주루이 병원 남문 맞은편 거리에는 음식점이 즐비하지. 그래 서 상상을 해. 음식점에 들어가 요리를 주문해서 맛 있게 먹는 나의 모습을 말이야. 그게 가장 큰 즐거움 이라네.

청년 불교에서 말하는 피안(彼岸)[8] 같군요.

주루이 그렇지.

청년 제가 열대여섯 살 무렵 이 근처의 학교에 다닌 적이 있습니다. 오늘 이곳에 오는 길에 학생 시절에 매주 들러서 햄버거를 사 먹던 맥도날드를 지나왔어요. 제 기억으로는 이곳에서 맥도날드까지는 길 하나만 건 너면 될 만큼 아주 가까운 위치에 있거든요. 그런데 갑자기 공간적으로 멀리 떨어져 있는 듯한 느낌이 듭 니다. 선생님의 시각으로 바라보자면 이곳에서 그곳

8　현실적으로 존재하지 않고 관념적으로 생각해 낸 현실 밖의 세계-역주

까지 가는 것이 거의 불가능할 정도인데요

주루이 그렇지, 자네 말이 맞아. 오늘까지 나는 열흘 넘도록 아무것도 먹지 못했네. 가족들이 멜론을 잘게 썰어 주면 그걸 천천히 씹는다네. 그렇게 뭔가를 먹는 즐거움만 만끽하고는 과육은 뱉어 버린다네. 그저 달콤한 과즙만 먹는 셈이네. 평범함이야말로 진짜이고, 행복이고, 또 기쁨이네. 이것은 나의 가장 큰 깨달음이라고 할 수 있어. 물 한 모금, 죽 한 사발조차도 지금의 나에게는 사치라네.

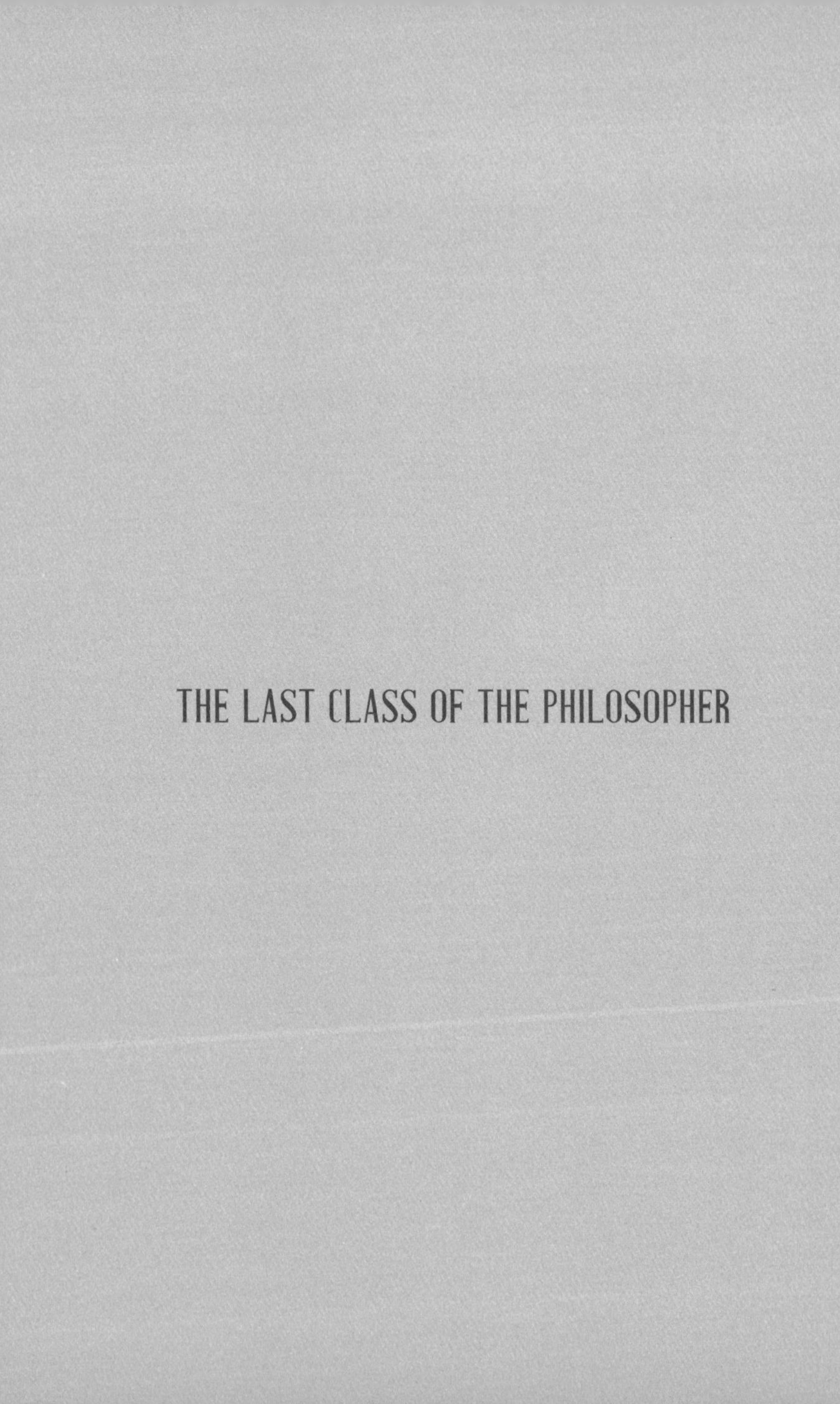

THE LAST CLASS OF THE PHILOSOPHER

내 몸과 대화하다

만일 당신이 몸과 소통하는 법을 터득한다면 도저히 벗어날
수 없을 것 같은 곤경 속에서도 이성적인 사고를 하고 정확한
선택을 할 수 있을 것이다.

몸은 한때 나에게 가장 익숙한 '도구'였다. 나는 몸의 힘을
빌려 산을 오르고, 수영했다. 하지만 병에 걸리면서 익숙해
마지않던 나의 도구는 금방이라도 부서져 버릴 것만 같은
유리알 껍질로 변했다. 만일 당신이 몸과 소통하는 법을 터
득한다면 도저히 벗어날 수 없을 것 같은 곤경 속에서도 이
성적인 사고를 하고 정확한 선택을 할 수 있을 것이다.

몸은 우리에게 대단히 중요하다. 우리가 죽음과 두려움
을 이해하는 데도, 또 영혼과 예술을 이해하는 데도 관련되
어 있다. 몸을 잃는다는 것은 곧, 생명을 잃는 것이다. 하지
만 이는 단지 피상적인 관점일 뿐, 좀 더 심층적인 관점에

서 생각해 본다면 몸이 우리에게 지닌 의미가 크게 평가절하되어 있다는 사실을 알 수 있을 것이다. 무릇 철학적 문제를 사유할 때, 특히 형이상학적 관점에서 살펴볼 때는 무엇이 진실인지를 잘 파악해야 한다. 진실은 항상 이러저러한 거짓말 속에 가려져 있다가 한 겹 한 겹 천천히 드러난다. 이렇게 드러나는 진실의 참모습은 대단히 의미가 깊다.

튼튼한 위를 가진 것보다 더 좋은 인생은 없다

내 생각에 우리는 몸을 최소한 세 가지 차원으로 나누어 설명할 수 있다.

첫 번째 차원은 생물학적 몸이다. 모든 생물은 생명을 가지고 있으며, 생물학적인 몸은 영구적이다. 내가 죽은 뒤에도 내 유전자는 자손을 통해 이어지고, 땅에 뿌려진 나의 육신은 봄의 진흙으로 변한다. 그런 의미에서 내 몸은 계속해서 살아간다고 말할 수 있다. 개체의 존재는 가장 기본적인 생명 법칙이 구현된 결과이자 증거다. 이 생명의 법칙은 인류뿐만이 아니라 풀과 나무, 꽃, 새는 물론 모든 동식물에서 구현된다. 즉, 첫 번째 차원인 생물학적 몸은 모든 생명체가 공유하는 보편적 차원의 몸이라고 할 수 있다.

두 번째 차원은 생리학적 몸이다. 사람의 몸은 저마다 독특한 개성을 지니고 있다. 가령 '나'의 몸을 예로 들자면, 나는 하나의 유기체로서 키나 몸무게 등 다른 동종의 유기체와는 다른 나만의 속성을 가지고 있다. 이러한 것들은 사람들 저마다 가지는 고유의 신체적 특성으로 나타난다.

세 번째 차원은 우리에게 가장 친숙한 몸으로서 사회성과 인격을 가진 몸이다. 우리는 자기만의 패션 취향이 있고, 자기만의 고유한 사회적 행동을 한다. 이러한 것들은 모두 우리가 타인들에게 보여주는 사회적 몸이라고 할 수 있다.

나의 친구 중에 불교를 연구하는 학자들이 있다. 언젠가 우연히 불교학의 삼신설(三身說)에 관한 설명을 들을 기회가 있었는데, 나는 이 불교학의 주장을 빌려 차원마다 다른 몸의 복잡한 관계를 좀 더 자세히 설명하고자 한다. 다만 나는 불교학자가 아니기 때문에 설명에 오류가 있다면 언제든지 지적해 주기를 바란다.

불교학에서는 사람의 몸에 세 가지 종류가 있다고 설명한다. 즉, 법신(法身, Dharmakaya), 보신(報身, Sambhogakaya), 응신(應身) 혹은 화신(化身, Nirmanakaya)으로 나누어진다. 이 삼신에 대해서는 은유적인 방식으로 해석된다. 가령 법신은 달, 보신은 달빛, 응신은 달의 투영된 모습 즉, 산과 강에 비친 달의 거울상이다.

법신은 부처님의 궁극적이고 본질적인 진리 그 자체를 의미한다. 모든 존재의 근원적 실체로서 일종의 보편적인 몸이다. 우리는 이를 간단하게 생명의 보편적인 법칙인 생물학적 몸으로 이해할 수 있다. 보신은 생리학적 몸에 해당한다.

불교학에서는 보신을 업보윤회설에서 기인하여 수행과 공덕의 결과로 얻는 영적인 몸, 즉 업보가 축적된 결과라고 설명한다. 의학 용어로 간단히 표현하면 선대로부터 축적된 결과물인 유전을 뜻한다. 가령 부모로부터 물려받은 유전자에 따라 키가 작은 이도 있고, 혹은 180센티미터 이상의 큰 키를 자랑하는 이도 있지 않은가?

응신 혹은 화신에 대해서는 불교학에서는 인격과 연관시

켜 설명한다. 프랑스 철학자이자 사상가인 모리스 메를로 퐁티(Merleau-Ponty, Maurice)가 그의 저서 『지각(知覺)의 현상학』에서 설명한 내용을 빌려서 해석하면 이렇다. 응신은 소환된 몸으로써 사회적 환경에서 우리의 다양한 상호작용을 상징한다. 바로 우리의 사회적 몸을 뜻한다. 가령 사회생활 속에서 당신은 누구의 아들 혹은 누구의 아버지나 어머니일 것이며, 혹은 누군가의 학생이거나 누군가의 선생님이지 않겠는가?

나는 불교학이나 또는 메를로 퐁티에 대해 논하려는 것이 아니다. 단지 몸의 세 가지 차원의 복잡성을 모호하게 하려고 일부러 일상에서 생소한 용어를 빌려왔다. 일단 법신, 보신, 응신을 이해하면, 이 세 가지 몸 사이의 관계를 좀 더 깊이 있게 살펴볼 수 있다. 예컨대 보신과 응신은 각각 서로 배타적으로 작용하고 있어 함께 공존할 수 없는 관계라는 것을 알 수 있다. 좀 더 자세히 설명하면 이렇다.

대다수의 경우 우리는 자기의 몸을 자세히 보지 못한다. 밖에서 일상 생활을 하다 일부러 멈춰서서 자기 몸을 관찰하는 이는 거의 없을 것이다. 설령 거울 앞에서 옷을 갈아

 철학자의 마지막 수업

입을 때조차도 우리가 볼 수 있는 것은 몸의 극히 일부에 지나지 않는다. 따라서 일반적으로 사회 활동을 할 때는 우리가 보신의 존재를 인지하기 힘들다. 보신은 우리 인식 뒤편에 감춰져 있는데, 그것이 응신을 압도할 정도로 드러나서는 안 된다. 니체는 평생 위장병에 시달렸는데, 그에 대해 니체는 최대의 자유, 가장 멋있는 인생, 최고의 철학은 튼튼한 위를 가진 것만 못하다고 여러 번 언급했다.

내 경우도 암세포가 간장까지 전이되어 뼈를 침범하기 전까지는 간이 몸의 어디에 위치하는지조차도 몰랐다. 간이 팽창하면서 갈비뼈, 복벽, 허리뼈를 압박하자, 간을 싸고 있는 피막이 늘어나 상복부 통증이 나타났다. 몸이 통증에 지배당하면서 나와 몸 사이에 새로운 관계가 형성되었다. 일상생활이 멈추면서 더 이상 정상적인 사회활동을 할 수 없게 되었다. 한때는 수많은 산을 오르던 등반가였지만 이제는 한 걸음 내딛는 것조차 버겁게 되었다. 나에게 이런 날이 올 줄은 꿈에도 몰랐다.

이렇듯 활기차고, 자유롭고, 계획적이며, 직접적으로 자각하며 젊게 살아가려면 응신이 발현하는 동시에 보신은 은폐되어야 한다. 그러므로 삼신의 관점에서 질병을 본다면, 질병을 순수한 과학적 현상으로만 설명되지는 않는다. 만일 질병에 걸렸더라도, 정상적인 사회 활동을 할 수 있다면 전혀 문제 될 것이 없다. 왜냐하면 당신은 계속해서 사회에서 살아갈 수 있기 때문이다. 진정한 질병은 일종의 중단이다. 다시 말해서 보신이 발현하고 응신이 은폐되는 전환의 메커니즘이다.

사랑은 혐오에 대한 판단을 중지하는 것이다

암에 걸리기 전까지만 해도 나는 병원 문을 두드릴 필요조차 없을 만큼 매우 건강했다. 그러나 병에 걸려서 병원에 입원한 뒤로는 종종 벌거벗은 듯한 곤경에 처했다. 처음 병원에 입원했을 때 나는 본래 사람의 몸과 내가 이해하고 있던 몸이 완전히 다르다는 사실을 불현듯 깨달았다. 병원은 나에게 적나라한 생리적 몸의 세계를 보여줬고, 내가 누구인지를 새롭게 이해하게 했다.

질병은 사람의 사회적 몸을 감춘다. 반대로 한때 사회적 몸에 감춰져 있던 적나라한 육신이 병실에 그 모습을 드러내게 된다. 인격, 자유, 행동, 문화는 병실 밖으로 내놓아야 한다. 그렇게 나는 응신이 모습을 감추고 보신이 발현한 세계로 들어선 것이다.

미시간대학교 법과대학 교수를 역임했던 윌리엄 이언 밀러(William Ian Miller)는 그의 저서 『혐오의 해부』에서 사랑에 대해 대단히 명쾌한 정의를 내렸다. 즉, 사랑은 혐오에 대한 판단을 중지하는 것이다. 병실에서 나는 중병에 걸린 노인들이 벌거벗다시피 누워 있고, 그 옆에서 자식들이 그의 몸을 닦아주고 배설물을 치우는 모습을 수없이 봤다. 자식들의 표정에서는 어떤 의무감이나 혐오감도 느껴지지 않았다. 이것이야말로 육체적 경험으로 표현되는 사랑이 아닌가. 혐오의 대상 혹은 두려움의 대상을 배척하는 것이 아니라, 일종의 육체적 경험으로 받아들이는 것이다.

여러 영화에서도 이와 비슷한 장면이 나온다. 가령 부부가 아침에 일어나서 욕실에서 한 사람은 변기 위에서 용변을 보고 다른 한 사람은 세면대 앞에서 세수하며 서로 정답게 대화를 나눈다. 사랑은 거리감 없는 친밀감을 나누며, 혐오에 대한 판단을 유보하는 태도다. 자식에 대한 부모의 사랑도 마찬가지다. 나는 결벽증이 있었지만, 자식을 낳고 난 뒤에는 아이의 기저귀를 갈아주는 일이 역겹다고 느껴본 적이 한 번도 없다. 아이와 마주할 때면 그저 끝없는 사랑만 샘솟았다.

보신과 응신의 상호 은폐와 발현에서 두려움을 이해하려면, 먼저 두려움이 어느 차원의 몸에서 비롯되는지를 판단해야 한다. 가령 누군가가 나를 싫어하거나 직장을 잃을까 봐, 혹은 돈을 충분히 벌지 못할까 봐 두려워하는 것은 모두 응신의 두려움이다.

하지만 일단 보신의 두려움을 느끼게 되면 앞에서 언급한 응신의 두려움 따위는 순식간에 무의미해진다. 가령 당신이 병에 걸려서 생리적 통증에 고통을 겪고, 병원 안에서 펼쳐지는 온갖 혹독한 보신의 세계를 보고 나면, 그 누군가가 당신을 좋아하든 싫어하든, 직장을 잃든 말든, 혹은 돈을 많이 벌든 적게 벌든 더 이상 중요하지 않게 된다. 보신이 가져오는 두려움은 생명 자체를 위협하여 결국에는 죽음의 공포 속으로 당신을 몰아붙인다.

이때는 마땅히 법신으로 돌아가야 한다. 법신에 대해서는 앞에서 자세한 설명을 하지 않았는데, 이는 법신이 중요하지 않아서가 아니다. 오히려 반대로 법신은 대단히 중요한데도 우리는 항상 그 의미를 간과한다. 법신은 종(種)의 순수하고 보편적인 몸으로서 자손을 통해 끊임없이 이어지는 불멸의 몸이다. 사람들 모두가 법신을 지녔다는 것은 곧 우리가 단지 자연계의 먹이사슬 고리 중의 하나에 지나지 않는다는 사실을 의미한다.

이 생명의 법칙은 우리가 다른 생명체를 먹이로 삼는 동시에 우리 역시 필연적으로 다른 생명체의 먹이가 되는 운명을 결정짓는다. 그래서 우리가 보편적인 법신으로 존재한다는 점을 깨닫게 되면 더 이상 개체의 죽음을 두려워하지 않게 된다. 왜냐하면 개체로서의 '나'는 죽지만, 보편적인 법신으로서의 나는 영원히 존재하며 생명의 가치를 실현하기 때문이다. 두려움의 의미, 가치, 그리고 두려움이 구체적으로 드러내는 것들은 모두가 복잡하다. 사실 우리가 두려움을 제대로 이해하지 못하는 원인은 몸을 이해하지 못하기 때문이다.

철학계에 '죽음을 향한 존재'라는 아주 유명한 개념이 있는데, 나는 그 개념에 동의하지 않는다. 독일의 20세기 실존주의 철학자인 마르틴 하이데거(Martin Heidegger)가 주장한 '죽음을 향한 존재'는 하나의 철학적 명제로서, 보신이 발현되면 응신은 은폐된다는 사실을 간과했다. 가령 실제로 이 '죽음을 향해' 걸어가는 상황이 되었을 때를 한번 생각해 보자. 내 죽음이 확정된 상황에서 미래와 현재를 계획할 여유가 어디 있겠는가? 일단 죽음이 시시각각 엄습해 오면, 사람의 몸과 마음의 구조는 철저하게 변하게 된다.

모든 가능성은 춤추는 발걸음에서 시작된다

일본의 영화감독 구로사와 아키라는 내가 가장 좋아하는 영화감독 중의 한 사람이다. 그가 감독한 영화 중에 「살다」라는 영화가 있다. 수십 년 전에 봤던 그 영화를 병에 걸린 뒤에 다시 봤다. 영화의 주인공인 와타나베 겐지는 일본의 공무원이다. 어느 날 그는 갑작스레 위암 진단을 받는다. 의사는 그에게 남아 있는 시간이 1년 밖에 없다고 말했다. 생명의 시간이 초읽기에 들어갔을 때 와타나베는 남아 있는 시간만이라도 최대한 즐겁게 보내겠다고 결심한다. 그러나 돈을 물 쓰듯 쓰고, 술로 슬픔을 달래고, 아름다운 여인과 데이트를 해도 "인생의 의미는 무엇인가?"라는 질문의 답은 찾을 수가 없었다.

그의 삶이 보름밖에 남지 않았을 때야 그는 이제는 임박한 죽음의 필연성을 깨달았다. 죽음을 받아들여야 할 때 그가 유일하게 할 수 있는 것은 눈앞에 놓인 과제였다. 그건 바로 여러 차례 민원이 들어와도 시청의 공무원들이 서로 떠넘기기 급급해하던 하수처리장 문제를 해결하는 것이었다. 지극히 사소한 일이었지만 그 덕분에 와타나베는 죽은 후에도 지역민들에게 두고두고 추앙받게 되었다.

이 영화에 대해 서양 평론가들은 대체로 와타나베 겐지가 죽음을 향해 존재하는 것을 선택함으로써 인생의 자유를 얻고 인격을 실현했다고 해석했다. 하지만 나는 이 해석에 동의하지 않는다. 그 해석은 세세히 따져보면 허점투성이다. "하루하루 인생의 마지막 날처럼 살아라." 실제로 이런 사고방식으로 살아갈 수도 있으며, 그런 삶은 대단히 의미가 깊을 것이다. 하지만 이는 진정한 의미에서 죽음을 향해 존재하는 것이 아니다. 실존주의 철학에서 말하는 "죽음을 향한다."라는 것은 일종의 불확정성을 지닌 죽음이다. 혹은 일종의 이성적인 유희라고도 할 수 있다. 왜냐하면 건강한 사람이 철학적 사고 실험을 통해 자신의 존재를 마주하면서 자기 생명의 가치를 실현하는 것을 의미하기 때문이다.

이는 암 환자가 자신이 6개월 혹은 보름밖에 살 수 없다는 사실을 알고 행동하는 것과는 완전히 다르다. 진정으로 죽음을 향해 존재하는 것이란 우리가 인지할 수 있는 시간적 차원에서 생명이 곧 끝난다는 사실을 뚜렷하게 아는 것이다. 이는 육체의 이탈이라는 완전히 다른 필연성이며, 일종의 우주의 잔혹함이라고도 말할 수 있다. 이러한 잔혹함은 개체와는 아무런 관계가 없다. 당신은 아무런 잘못도 저지르지 않았지만, 육체는 당신으로부터 떠날 것이다. 당신이 알고 있는 당신은 사실은 몸을 빌려 존재하는 것일

　　　　　　　　　　철학자의 마지막 수업

로비스 코린트, 「자화상」(좌), 1911 / 「병을 앓은 뒤의 자화상」(우), 1923.

뿐이다. 몸이 당신을 떠나면 당신은 더 이상 존재하지 않게 된다.

와타나베 겐지는 동료들이 꺼리던 일, 어쩌면 다른 사람들의 생활을 바꿔줄 수도 있는 일을 해내기로 결심했다. 내가 보기에 말기 암 환자로 삶이 보름밖에 남지 않은 시점에서, 와타나베 겐지에게 자신의 존재는 물론이거니와 자신의 가치나 자유는 더 이상 중요한 문제가 아니다. 그는 인간의 의식, 인간의 자유와는 아무런 관련도 없는 순수한 실존의 관점에서 생명의 의미를 이해했다.

예술의 자유 역시 몸의 다차원 성을 통해 실현될 때가 많다. 20세기 초 독일의 인상주의 화가이자 표현주의의 선구자 로비스 코린트(Lovis Corinth, 1858~1925)는 많은 자화상을 그렸다. 1911년 그는 뇌졸중으로 오른쪽 뇌에 손상을 입으면서 일부 공간 감각을 잃고 말았다.

왼쪽 그림은 그가 뇌졸중으로 쓰러지기 전의 자화상이고, 오른쪽 그림은 병을 앓으면서 그린 그림이다. 몸의 차원에서 봤을 때 건강할 때의 자화상에서는 사회적 몸인 응신이 뚜렷하게 그려져 있다. 반면에 병을 앓은 뒤의 자화상에서는, 본래의 연약하고 지극히 인간적인 자아인 보신이 그려져 있다고 볼 수 있다. 둘 다 자신의 모습을 그렸지만, 표현 방식은 크게 다르다.

수많은 예술 평론가는 로비스가 원래도 예술적 성취가 뛰어난 화가였지만 병에 걸린 뒤에야 비로소 진정한 거장의 반열에 올랐다고 평가했다. 그렇다면 이 두 그림의 차이점은 무엇일까? 우선 병을 앓기 전의 자화상은 매우 늠름하고 위풍당당한 모습이 위압감마저 준다. 마치 "나는 누구인가?"라는 선언과 동시에 그 대답을 추궁하는 듯한 느낌을 준다. 반면에 병을 앓은 뒤의 자화상은 보는 이들에게 좀 더 깊은 감동을 준다. 작가 자신의 연약함을 드러낸 듯

철학자의 마지막 수업

한 모습이 마치 "나는 원래 이런 사람이다."라고 자신을 해부하는 듯하다.

다음으로, 병을 앓기 전의 자화상 속 몸은 일종의 부호처럼 보인다. 몸의 모든 부위, 모든 동작 심지어 손이 놓인 위치까지도 일종의 개념, 의식 형태를 보여주는 도구처럼 보인다. 나는 이 그림이 군인이라는 부호를 띠고서 로비스가 건강하던 시절의 응신 즉, 로마인이 말하는 '페르소나(Persona)'를 보여준다고 생각한다. 반면에 병을 앓은 뒤의 자화상에는 부호가 사라지고 없다. 몸은 더 이상 부호가 아니라 그저 그 자체의 생리적 상태일 뿐이다. 그러한 생리적 상태의 몸은 적나라한 연약함, 슬픔, 상실감을 드러내며 우리에게 깊은 공감을 불러일으킨다. 인간이면 누구나 맞닥뜨려야 하는 보편적인 곤경이자 운명의 굴곡을 보여주기 때문이다.

사실 인간의 몸은 대단히 창의적이다. 우리는 과학의 발전에 따라 몸이 단순히 경험 세계의 장치가 아니라 대단히 능동적이고 주체적인 자아라는 사실을 깨닫게 되었다. 내가 바로 몸이고, 몸이 바로 나다. 나의 인식은 내 몸의 인식이고, 내 몸의 인식은 바로 나의 인식이다.

죽음은 생명의 일부다

나는 프랑스의 극작가이자 시인인 앙토냉 아르토(Antonin Artaud)의 잔혹 연극론에 관해서도 이야기하고 싶다. 사람들은 대개 '잔혹함'이라는 개념에 대해 그다지 관심을 두지 않는 듯하다. 마치 '잔혹함'이 인간 고통의 필연성을 드러내기라도 하는 것처럼 말이다. 하지만 사실은 그와 정반대다.

아르토는 어린 시절 뇌막염에 걸린 이후로 평생 극심한 두통과 신경질환에 시달렸다. 그는 주기적인 고통 때문에 마약을 복용했고, 이 때문에 환각, 정신착란, 피해망상 등의 정신질환이 생겨서 청년 시절, 여러 차례 정신병원에 입원했다. 설상가상으로 정신질환은 신체적 통증 반응으로 이어졌다. 다행히 한 정신과 의사의 도움으로 잠시나마 그 고통에서 벗어날 수 있었다. 이때 아르토는 파리로 이주해서 초현실주의 작가들 무리에 합류했지만 이내 이념의 차이로 사이가 틀어지고 말았다. 그로부터 수년 후 아르토는 또다시 정신병원에 강제입원하여 무려 9년의 시간을 보냈다. 계속되는 전기쇼크 치료와 투약으로 인한 정신분열증과 아편 중독으로 고통을 겪으면서도 그는 잔혹연극에 관한 이론을 완성했다. 그 뒤 병원에서 나온 그는 한 요양소에서 직장암으로 사망했다. 아르토의 이론은 생전에는 크게 주목받지 못했으나, 그가 죽은 뒤에야 미국의 극작가들에 의해 재평가를 받게 되었고, 다시 유럽으로 전파되었다.

1931년 아르토는 파리만국박람회에서 발리 연극 공연을 처음으로 접했다. 아르토는 발리 연극에서 생명의 흐름을 느꼈는데, 이는 기존의 서양 연극과는 완전히 다른 연극 구성과 형식이었다. 아르토는 이를 '총체연극(Total Theatre)'이라고 불렀는데, 사람과 자연이 하나가 되고, 사람과 정신이 하나가 되고, 그리고 생명의 흐름이 끝없이 이어지는 것을 의미했다. 이 흐름은 자연 속에서 필연적으로 경험하는 생명의 흐름으로서 인간이 제아무리 저항해도 소용이 없는 것이다.

아르토는 발리 연극이야말로 진정 생명력이 가득한 연극

이라 생각했다. 발리 연극은 서양의 연극과는 확연히 달랐다. 아르토 관점에서 연극은 엘리자베스 1세 시대의 셰익스피어 희곡, 일본의 가무극인 노(能), 그리고 발리 연극 등 크게 세 가지로 나뉜다. 그러나 아르토는 발리 연극을 여느 언어 연극과는 다른 신체 연극으로 보았다. 신체 연극은 대부분 배우의 몸, 목소리, 몸짓, 공간 등을 활용한다. 그뿐만 아니라 경련이나 외침과 같은 동원할 수 있는 모든 신체적 요소와 다양한 몸동작을 적극적으로 활용하여 연극성을 표현한다. 이러한 신체 연극은 대자연과 인간의 중첩된 영상을 창조함으로써 본래 이 세상의 모습을 있는 그대로 보여준다.

중첩된 영상(image superposée)[9]이 표현하는 것은 생명의 박동이다. 내 생각에 생명의 박동은 가믈란(Gamelan)[10] 음악에서도 집중적으로 표현되고 있다. 당신이 발리 연극을 본 적이 있다면 아마 그 연극 속의 음악에 대단한 흥미를

---

9 아르토가 발리 연극에서 발견한, 인간의 형식 위에 우주적이고 근원적인 생명 에너지가 투사되어 겹쳐지는 연극적 효과.-편집자 주
10 타악기 중심의 인도네시아 민속 오케스트라 음악-역주

느끼게 될 것이다. 연극 속에서 들려오는 음악은 대부분 가믈란 오케스트라가 연주하는 곡들이다. 가믈란 오케스트라의 음악은 바흐의 다성음악(polyphony)[11]에 비견될 만큼 선율이 대단히 복잡하다. 동시에 마치 각 선율이 서로 힘겨루기라도 하듯 각기 다른 소리와 박자가 마구 뒤섞여서 무질서에 가까울 만큼 혼돈으로 가득 차 있다. 여기에는 지휘자가 필요 없다. 그저 각기 다른 소리, 박자, 운율의 총체일 뿐이다. 얼핏 듣기에는 뒤죽박죽인 듯한 오류투성이의 음악처럼 들리지만, 그렇다고 소음은 결코 아니다. 나는 가믈란 오케스트라의 음악을 듣는 순간 아르토의 말이 완전히 옳다는 것을 느꼈다. 이것이야말로 진정한 생명의 박동이었다. 대자연이 중첩된 영상과 시간의 복잡성을 드러내는 음악이라고 느꼈다.

서양의 고전 음악은 매우 아름답지만, 그것은 이성의 소리다. 신체적 요소, 다양한 생체시계, 다양한 리듬이 한데

---

11 여러 개의 독립적인 선율이 동시에 연주되는데, 각 부분이 주체적으로 움직이는 가운데 전체적으로 정교한 구조를 이룬 음악-역주

어우러진 가믈란 음악과는 다르다. 후자의 혼돈과 복잡성
은 고도로 통제된 혼돈이다. 아르토는 그 음악 속에서 생명
의 원시적인 충동을 느꼈다. 아마도 우리는 이러한 관점에
서 생명이 무엇인지 직감적으로 이해할 수 있을 것이다.

우리는 가믈란 음악을 생명과 죽음에 대한 발리인들의
해석으로 이해할 수 있다. 즉, 그것은 무질서 속의 질서다.
사실 잔혹함은 결코 슬픈 것만은 아니다. 그것은 마치 모든
생명체가 음표처럼 춤을 추는 것처럼 현실을 직접적으로
대면하는 것이다. 인간은 자연의 일부이고, 죽음 역시 생명
의 일부일 뿐이다.

죽음은 생명이 끊임없이 이어지며 순환되도록 흐름을 만
든다. 따라서 우리가 슬퍼할 만한 일이 아닌 것이다. 이것이
바로 죽음의 의미다. 우리가 알고 있는 음악, 예술, 시는 모
두 한 가지 진리를 표현하고 있다. "우리는 쉴 새 없이 불어
대는 바람이다." 그러므로 우리는 삶을 긍정적으로 바라보
고, 죽음은 보다 열린 마음으로 마주해야 한다. 죽음은 우리
의 삶에서 대단히 의미 있는 끝맺음이자 시작이다.

 철학자의 마지막 수업

우리는 쉴 새 없이 불어대는 바람이다

청년　선생님, 혹시 이전엔 확신하지 못했던 철학적 가설 중에, 인생의 마지막 여정을 겪으면서 새롭게 검증하신 것이 있나요?

주루이　실제로 죽음이 다가왔을 때 난 정말 두려워하지 않을까? 그 질문에 대해 이제 나는 진심으로 이렇게 대답할 수 있을 것 같아. 그래, 나는 내 죽음을 기대한다. '거듭남'을 기대하고, 작은 풀들이 내 몸을 양분 삼아 자라는 것을 기대하고, 나의 생명이 다시 시작되는 것을 기대한다. 나는 이것 역시 일종의 검증이라고 생각하네.

소크라테스는 인간의 삶과 우리가 살아가는 세계에 대한 근본적인 질문들을 탐구했던 고대 그리스 작가 헤시오도스(Hesiod)와 호메로스(Homeros)에 대해 이런 말을 했네. "헤시오도스와 호메로스와 대화할 수 있다면 나는 기꺼이 여러 번 죽을 것이다." 나도 영혼

이 존재하는지 검증하고 싶고, 소크라테스, 공자, 장
자, 석가모니를 찾아가서 이야기를 나누며 새로운 생
명의 형식을 찾아볼 것이네. 아마 이것도 일종의 검
증이 될 수 있겠지.

생명의 풍경에 관한 대화에서 나는 영감을 받아 이 책을 위
해 짧은 시를 썼다. 제자 아야요가 나를 도와 시구절을 다
듬어줬다.

여러 날 침대 머리맡에 선 채로 나를 지켜보는 추수꾼.
그의 얼굴 위로 차가운 그림자가 드리워져 있다.
열기도 연기도 없이 나의 피부는 시간의 타일 속으로 타
들어 간다.
그리고 한 겹 한 겹 헤라클레이토스의 강가[12]에 쌓여
mosaic[13]로 굳어간다.

---

12 고대 그리스 철학자 헤라클레이토스는 "우리는 같은 강물에 두 번 발을 담글
수 없다."라고 말했다. -편집자 주
13 mosaic은 모자이크를 의미한다. -편집자 주

  철학자의 마지막 수업

추수꾼은 수시로 그것을 찾아 조각을 맞추고,

뼈대는 그의 눈에 길로 변한다.

그 길 위에는 껍질이 벗겨진 신자들로 가득하다……

이는 크리스티나의 세계이다.

한 마리의 소라게가 무거우면서도 가벼운 껍질을 질질

끌며 아주 멀면서도 가까운 안식처를 향해 기어가고 있

다…….

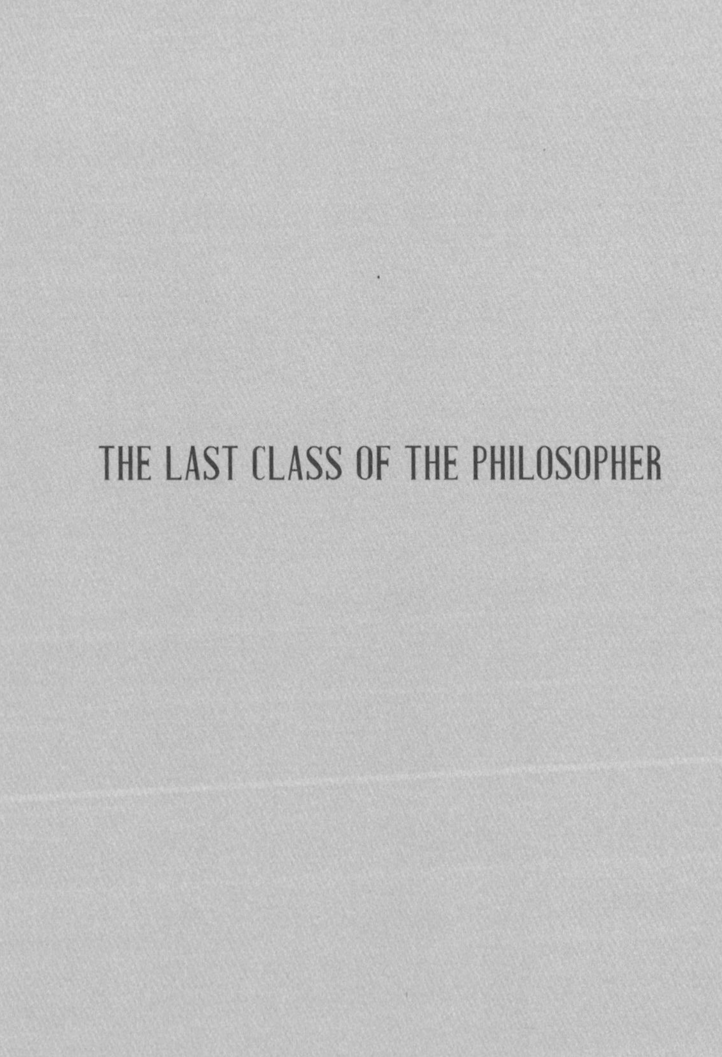

THE LAST CLASS OF THE PHILOSOPHER

순간을 살다가다

우리는 역사를 중시하며, 절대적 시간의 연속성에 몰두한다.
그러나 엄밀하게 말하면, 그것은 단지 문화적 현상일 뿐이다.

역사가 기록된 이후로 아주 오랫동안 인간의 평균 수명은
대략 35세 전후였다. 20세기 이전에는, 빅토리아 시대 여성
소설가였던 샬롯 브론테(Charlotte Bronte)처럼 뛰어난 재능
을 가진 인재들도 40세가 되기도 전에 세상을 떠났다. 하지
만 확률적으로 본다면, 이는 인류 사회와 역사에서 흔히 볼
수 있는 현상이다. 오래 살더라도 어떤 이유로 인해 불만족
을 느낄 수 있다는 측면에서 보면, 짧은 수명이 긴 수명보
다 더 가치가 있을 수 있다. 중요한 것은 생명의 체험이다.
　중환자 병실에 입원해 있으면서 나는 어떤 사람에게는
'장수'라는 개념이 특별히 절실하다는 사실을 새삼 깨달았
다. 가령 나의 병원 친구인 라오정은 하루를 견뎌내는 것조

차 하루를 더 사는 거라 말했다.

의사 대부분은 중환자에게 그들의 생명이 얼마나 남았는지 직접 알리는 대신, 환자의 가족들에게 알린다. 의사들의 따뜻한 배려에 감사하는 바이지만, 사실 그렇게까지 할 필요는 없다는 게 내 생각이다. 나는 나에게 남은 시간이 얼마나 되는지 알기를 원하며, 또한 병의 진행 단계에 대해 정확하게 알기를 바란다. 이는 아마도 내가 '장수' 자체에 큰 의미를 두지 않기 때문일 것이다. 처음 직장암 말기 확진을 받았을 때 나의 가장 큰 걱정은 얼마나 더 오래 살 수 있을지가 아니라 삶의 질이 떨어지지 않을까 하는 문제였다.

나는 평소 웬만해서는 다른 사람에게 부탁하지 않는다. 하지만 2022년 가을, 나는 민망함을 무릅쓰고 친구에게 베이징에서 유명한 외과 의사를 소개해 달라고 부탁했다. 나의 항문을 잃고 싶지 않았기 때문이다. 호스피스 병동으로 옮기기 전까지 나는 줄곧 친구나 제자들의 병문안을 거절했다. 신체적 독립성이 크게 떨어진 상태에서 여러 중환자와 한 병실에서 지내다 보면 개인의 존엄성은 지켜지기가 어렵다. 나는 병실에서 적나라한 세계를 보았다. 나이나 성별에 상관없이 중환자들이 사생활이 보장되지 않는 병실에서 타인의 도움 아래 옷을 갈아입었다. 중환자의 가족이 의사에게 기관내삽관을 요청하면 의사들은 대부분 그 요청을 따랐다.

그래서 나는 '시간의 관점'에서 생명과 죽음을 이야기하려고 한다. 사실 '시간'은 철학적으로 복잡한 명제이지만 잠시 단순화시켜서 논할 수 있다. 철학적 범주 안에서 시간은 크게 달력 시간과 사건 시간으로 나누어진다. 이와 관련하여 나는 병에 걸린 뒤에야 새로운 관점을 갖게 되었는데 즉, 몸의 관점에서 시간을 생각하기 시작한 것이다.

달력의 시간: 생명 체험의 시간

하나의 생명으로서 시간은 공간보다 중요하지만, 물리학에서는 그와 정반대다. 만일 생명을 하나의 여정으로 본다면, 현상학적인 관점에서 시간은 생명의 탄생에서 죽음까지 일회적인 일방통행이다. 하지만 공간은 그렇지 않다. 예컨대

방 안에 갇혀 있다고 해도 우리는 마음대로 방을 오갈 수 있다. 이러한 차이는 감정에서도 드러난다. 즉, 공간의 의미는 일반적으로 간접적이지만, 시간은 생명의 모든 세포에 깃들어 있어서 감정 하나하나가 시간적 의미를 띤다. 시간은 직접적으로 감정을 불러일으키기도 한다. 우리는 과거를 회상하기도 하고, 또 미래에 대한 막연함을 느끼기도 하지 않는가? 시간과 공간이 변하고, 감정이 교차하는 회상은 시간을 경험하는 전형적인 방식이다.

사람들은 종종 "시간이 참으로 빨리 흐르는구나."라고 탄식한다. 시간이 강물처럼 흐르며 사라진다는 의미다. 흐름이라는 것에는 두 가지 의미가 담겨 있다. 하나는 시간은 사건으로부터 독립적이며, 시간의 변화는 절대적이라는 것이다. 매 순간이 사라지고 있는 것이 현재이며, 동시에 끊임없이 새롭게 대체되는 것이 현재다. 또 하나는, 시간은 거스를 수가 없다는 것이다. 현재는 과거가 되지만, 과거는 현재가 될 수 없다. 이는 시간의 질서를 보여준다. 예컨대 올해는 2024년이고, 작년은 2023년, 그리고 내년은 2025년이다. 우리는 이러한 질서를 '시간의 화살' 혹은 '달력 시간'이라고 부른다. 달력 시간은 일종의 생명 체험의 시간으로 역사성과 보편성을 지니고 있다. 우리는 동서고금의 모든 사건을 영원한 시간선으로 배열할 수 있지 않은가?

거대한 시간의 강이라는 관점에서, 만일 우리가 달력 시간을 믿고, 또 그것으로 우리의 생명을 측정한다면 생명은 그저 "한순간"에 불과하다는 사실을 깨닫게 된다. 생명 체험의 관점에서 말하자면, 우리는 유한한 시간을 마주했을 때 종종 자기 주체성이 해체되는 두려움, 주체의 소멸과 의식의 소멸에 대한 두려움이 솟아난다. 나는 '루크레티우스(Lucretius)의 창'[14]으로 이러한 두려움을 반박하고자 한다.

---

14 고대 로마 철학자 루크레티우스의 저서 『사물의 본성에 관하여』에서 우주의 무한성을 주장하며 이를 사고 실험을 통해 입증했다. 이 사고 실험을 위해 그는 먼저 우주가 유한하다는 가설을 세웠다. 그리고 우주의 끝에서 누군가 온 힘을 다해 창을 던진다면 두 가지 결과가 나온다고 주장했다. 즉, 창은 튕겨져 돌아오거나 계속해서 앞으로 날아갈 것이다. 어떤 결과가 나오든 우주 너머에 무언가가 존재한다는 사실을 보여준다. 창이 튕겨져 되돌아온다면 무언가가 창을 막고 있는 것이고, 창이 계속해서 날아간다면 우주 너머에 여전히 공간이 존재한다는 것을 보여주기 때문에 우주는 역시 무한하다는 것이다. - 편집자 주

   철학자의 마지막 수업

우리가 시간을 하나의 직선으로 본다면, 그 양 끝단은 무한하게 뻗어나간 채 한쪽은 과거, 또 다른 한쪽은 미래를 향한다. 이 직선은 세 구간으로 나눌 수 있다. 과거의 영원성, 현재의 순간성(바로 우리의 짧은 생명), 그리고 미래의 영원성이다. 과거와 미래의 영원성은 직선 위에서 동등하다. 우리의 짧은 생명에서 봤을 때, 그 영원성은 머나먼 곳으로 무한하게 뻗어나가 거의 존재하지 않을 것만 같은 저쪽 끝까지 도달할 수 있다.

'루크레티우스의 창' 논증의 핵심은 모순과 역설의 발견에 있다. 만일 우리가 '나'라는 존재의 개체, 혹은 주체에만 집중한다면, 과거와 미래의 영원성은 같다. 과거가 존재하지 않는 것을 두려워하지 않기에 미래가 존재하지 않는 것역시 두려워해서는 안 된다. 그런 의미에서 한 생명이 만일 주체의 소멸에 대한 두려움으로 무의미한 장수를 추구한다면, 그러한 두려움 자체가 존재의 논리적 역설이다.

나는 중환자실에서 의사가 환자에게 더 이상의 치료가 불가능하다고 명확하게 알려주는 데도, 값비싼 대가를 치르며 인위적으로 '죽어가는' 과정을 연장하는 모습을 종종 목격했다. 예컨대 생명 연장을 위한 기간내삽관이나 침습적 소생술 같은 것들이다. 이에 대해 우리는 깊이 성찰할 필요가 있다. 우리는 시간과 삶과 죽음에 대해 역사주의적 관점에 지배받고 있는지도 모른다. 환자는 조금이라도 오래 살 수 있기만을 바라고, 가족들은 오로지 효도만을 생각하며 생명 자체의 본질은 외면한다. 나는 이것이 달력 시간이 가진 개념의 족쇄라고 생각한다. 이 족쇄에 묶이면 그 어떤 대가를 치르더라도 오로지 장수만을 추구하게 된다. 하지만 엄밀하게 따지면, 이는 단지 문화적 현상일 뿐이다.

헤르만 헤세(Hermann Hesse)의 『환상동화집』에 수록된 「아름다운 꿈」이라는 동화에는 이런 이야기가 담겨 있다. 김나지움의 학생이었던 마르틴 하버란트는 열일곱의 나이에 폐렴으로 죽는데, 죽기 이틀 전에 아름다운 꿈을 꾼다. 그는 꿈속에서 부모를 만나고 이상적인 직업을 찾고, 한 소녀와 사랑에 빠진다. 하지만 소년이 죽고 나서 동화 속에 나오는 모든 사람들은 소년이 불행한 아이라고 입을 모은다. 소년이 자신의 재능과 노력으로 성공하기도 전에 죽었

   철학자의 마지막 수업

기 때문이다. 하지만 헤르만 헤세는 그가 할 수 있는 모든 일을 이뤘기에 소년의 삶이 축복받을 만하다고 여겼다. 비록 죽음은 피할 수 없었지만, 그의 짧은 삶에는 아무런 부족함이 없었으니 말이다.

이처럼 우리가 생명을 대할 때는 생명 자체에 집중해야 한다. 거대한 시간의 강에서 그 생명이 얼마나 오래 머물렀는지는 중요하지 않다. 나는 장수라는 것이 그다지 좋은 일도 아닐뿐더러, 젊은 세대와 자원 쟁탈전을 벌이는 느낌마저 든다. 순리에 따라 자연스럽게 퇴장하는 것이야말로 더할 나위 없이 좋은 일이라는 생각이다. 물론 내가 말하는 퇴장은 자살을 선택하라는 의미가 결코 아니다. 단지 오롯이 장수만을 추구할 필요가 없으며, 또 그럴만한 가치도 없다는 뜻이다.

사건의 시간: 질서의 시간

1908년 영국 케임브리지 대학교 트리니티 칼리지의 철학자 존 맥태거트(John Ellis McTaggart)는 「시간의 비실재성(The Unreality of Time)」이라는 논문을 발표했다. 그는 처음으로 철학적 관점에서 시간은 단일하지 않고 다중적이며 심지어 모순으로 가득하다는 주장을 내놓았다.

사건 시간은 달력 시간과는 완전히 다르다. 사건 시간은 물리학적 의미의 시간으로 사건과 관련이 있다. 가령 우리는 자신의 하루 일상을 이런 식으로 묘사한다. 아침에 일어나서 아침밥을 먹고, 친구를 만나고, 운동하고, 저녁밥을 먹고, 잠자리에 든다. 이는 시간 자체의 순서가 아니라 순서의 시간이다.

스웨덴 심리학자 장 피아제(Jean Piaget)의 인지 발달 이론은 뇌과학과 아동 심리학의 관점에서 이러한 구분을 검증했다. 아이들의 대뇌는 4세 이전에는 오직 순서의 시간만이 있다. 가령 나는 아침 8시에 일어나서 아침을 먹고, 9시에 출근을 한다. 반면에 당신은 6시에 일어나서 7시에 출근을 한다고 가정해 보자. 아이의 시점에서는 우리 둘 다 일어난 뒤에 출근하는 것은 똑같은데 달력의 시간 축에서는 '내가 일어나는' 시간이 '당신이 출근하는' 시간보다 늦다는 것을 이해하지 못한다.

그렇다면 달력 시간과 사건 시간 중에서 어느 쪽이 더 중요하고 근본적일까? 이 문제에 답하기 전에 우리가 먼저 이야기해야 할 또 다른 문제가 있다. 즉, 달력 시간과 사건 시간은 모두 실재할까? 이 문제에 대해 철학과 과학의 답은 기본적으로 일치한다.

우리는 쉽게 달력 시간은 환상이고, 사건 시간만이 실재한다고 생각할 수 있다. 왜냐하면 물리학에서 사건은 순차적인 순서를 가질 수 있지만, 시간 자체는 독립적인 순서를 가질 수 없으며, 그 순서가 연속적으로 흐른다는 것은 더더구나 증명할 수 없다고 여기기 때문이다. 사건의 순서는 시간 자체의 순서와 다르다. 따라서 물리학의 관점에서 보면 우리는 그저 사건의 의미에서 시간의 순서를 논할 수 있을 뿐 시간 자체의 절대적인 의미에 대해서는 논할 수 없다.

다시 말해, 시간 자체의 순서는 사건 없이는 무의미하다. 그래서 현대 물리학의 관점에서 보면, 우리의 생명이 체험하는 시간은 즉, '강물처럼 흐르는' 시간의 화살은 물리학이나 다른 과학적 관점에서는 실제로 존재하지 않는다. 생명 차원에서 체험하는 모든 시간은 그저 환상일 뿐이며, 시간의 흐름과 과거, 현재, 미래의 구분, 그 방향의 비가역성 또한 실재하는 현상이 아니다.

비록 달력 시간은 허구이지만, 우리가 달력 시간과 사건 시간 중에 무엇이 더 중요한지 논하는 문제에 대해, 맥태거트는 「시간의 비실재성」에서 이렇게 주장했다. 단일하지 않고, 다중적이며, 모순으로 가득한 시간 속에서 달력 시간이야말로 가장 중요하고 가장 기본적인 요소이며, 사건 시간은 그저 파생된 시간일 뿐이라는 것이다. 왜냐하면 개체의 관점에서 볼 때 생명은 의심할 여지 없이 오로지 달력 시간만을 체험할 수 있으며, 우리는 두 번 다시 돌아올 수 없는 현재에 살고 있기 때문이다.

나는 오랫동안 생명이 체험할 수 있는 달력 시간과 물리학적 의미의 사건 시간 사이의 모순에 관해 탐구해 왔다. 이것이 우리 인류가 그동안 오류 속에서 살아왔다는 것을 의미하는 걸까? 만일 인류가 오류 속에서 살고 있다면, 우리가 어떻게 인식론을 논하고, 세계를 인식하며 또 생존에

 철학자의 마지막 수업

대해 논할 수 있을까? 만일 생명 체험마저 모두 환상이 만들어낸 것이라면, 또한 시간에 진정으로 물리적 의미가 없다면, 어찌하여 우리는 시간에 대해 이처럼 강렬한 체험을 하는 걸까? 하찮게만 보이는 물리적 변수 혹은 허구적인 환상으로 간주하는 시간이 인간의 생명 체험에 이토록 중요한 이유는 뭘까?

나는 병을 앓기 전부터 이 시간의 역설에 관한 해답을 찾으려고 애썼다. 그리고 이제야 약간은 어설프지만 새로운 사고를 하게 되었다. 즉, 시간에는 달력 시간과 사건 시간 이외에도 일종의 '몸의 시간'이 있다는 것을 말이다. 그것은 우리 생명 체험의 일부이자 허구적인 환상도 아닌 또 다른 시간이다.

몸의 시간: 악어의 눈

생명과학자들은 종종 생명의 복잡성에 대해 토론하지만, 내 생각에는 많은 사람이 진정한 복잡성 즉, 시간의 복잡성에 대해서는 간과하고 있는 것 같다. 시간의 복잡성을 이해하려면 몸의 시간에 대해 이해해야 한다. 몸의 관점에서 시간을 보면 시간은 되돌릴 수 없는 터널이 아니라 양극단이 서로 연결된 일종의 순환이라는 사실을 경험하게 된다. 그것은 객관적인 물리적 시간도 아니고 순수한 환상도 아니다. 바로 인류가 진화론의 딜레마에서 벗어날 수 있게 해주는 실재하는 시간이다.

우리의 몸은 중앙집중식 시간 메커니즘이 아니라 하나의 복잡한 시스템을 가지고 있다. 각 기관 혹은 더욱 작은 시스템 안에도 자체적인 추적 메커니즘 혹은 업데이트 메커니즘이 있다. 간에는 간의 시간 메커니즘이 있고, 장에도 자체적인 시간 메커니즘이 있다. 인간의 몸에 얼마나 많은 생체시계가 있는지는 확실하지는 않지만, 이러한 생체시계에 관한 연구는 점점 활발해지고 있다. 가령 이스라엘의 생물학자는 장 시계 연구에서 크나큰 진전을 이루었다.

대자연 속에는 이러한 시간 메커니즘이 수없이 많다. 남반구에 있는 호주의 그레이트 배리어 리프는 세계적으로 생물 다양성이 가장 풍부한 지역 중의 하나다. 무려 1,500

종의 어류와 4,000종의 조개류, 700종의 산호가 이곳에 서
식한다. 생물들은 배란을 통해 후손을 번식하는데, 이처럼
많은 생물이 한곳에서 집중적으로 배란하면 생기는 혼란을
피하려고 달빛을 추적하는 방법을 사용한다. 가령 산호 폴
립은 보름달 빛을 감지하여 배란 신호로 사용하는, 이른바
'광센서'를 가지고 있다. 이처럼 모든 생명체의 몸은 현실
세계를 추적할 수 있는 능력을 지녔다.

호주의 생태여성주의[15] 학자 발 플럼우드(Val Plumwood)
는 매우 특별한 경험을 했다. 1985년 호주의 카카두 국립공
원에서 홀로 카약을 타던 중에 바다악어의 공격을 받았다.
바다악어는 현존하는 파충류 중에 가장 큰 동물로 길이가
10미터에 달하는데, 사람을 잡아먹은 기록이 있어서 '식인
악어'라고도 불린다. 바다악어와 맞닥뜨린 플럼우드는 '죽
음의 소용돌이'에 세 번이나 휩쓸리며 잡아먹힐 뻔했다가
기적적으로 탈출했다. 목숨을 잃을 뻔한 위험천만한 상황

---

15 인간과 자연이 공생하는 데 있어서 생태주의적 입장과 여성주의가 결합하여
     야 한다는 철학 사상-역주

에서 그녀는 인간과 다른 동물들에 대한 새로운 시각을 얻게 되었다. 인간이 극한 상황에서 '넋이 나가는' 순간, 우리는 인간중심주의적 시각에서 벗어나 인간과 모든 생명체의 관계를 제4의 비인칭 관점에서 바라볼 수 있게 된다. "악어의 눈에 나는 무엇인가? 인간도 한낱 먹이일 뿐이다." 인간은 항상 최상위 포식자로서 모든 비인간 존재 위에 군림해 왔다. 하지만 사실 인간은 그저 악어의 먹이에 불과했다는 것이다.

악어의 눈은 일종의 관점의 전환으로 우리가 제4의 비인칭 관점을 이용할 수 있다는 점을 입증해 주었다. 즉, 몸의 관점에서 시간을 생명 체험으로서 바라볼 수 있다는 뜻이다. 과학은 항상 삼인칭 관점을 강조하는데, 그것이 단순히 타인의 생각을 정확하게 이해한다는 것을 의미하지는 않는다. 삼인칭 관점은 일종의 초월에 가깝다. 인간은 항상 일인칭 관점에서 세상을 바라보기에 과학자들로서는 일인칭 관점의 편견과 한계를 극복하는 데 집중해야 한다.

엄밀히 말하면, 제4의 비인칭 관점도 삼인칭 관점에 포함되지만, 나는 제4의 비인칭 관점을 독립적으로 끌어내어

 철학자의 마지막 수업

탐구하고자 한다. 왜냐하면 현대의 과학은 여러 체계적 문제를 논할 때 여전히 인간을 기준으로 삼은 인간중심주의의 틀에서 완전히 벗어나지 못하고 있기 때문이다. 제4의 비인칭 관점은 다른 생물 종의 관점에서 문제를 바라보는 것뿐만 아니라, 몸의 관점에서 우리 인간 역시 하나의 동물이라는 사실에 주목하고 있다. 사실 인성에서 가장 우선적인 것도 동물성이다.

나는 인간의 의식과 관점에서 벗어나서 제4의 비인칭 관점에서 생명을 이해한다면 좀 더 순수한 몸의 의미를 발견할 수 있다고 믿는다. 일단 우리가 몸의 관점에서 시간을 바라본다면 시간은 삶과 죽음이 연결된 하나의 순환이라는 사실을 알 수 있다.

플럼우드는 바다악어의 공격에서 기적적으로 탈출한 뒤에 두 가지 관점을 구분할 수 있게 되었다. 바로 내재적 관점과 외재적 관점의 구분이다. 우리가 외재적 관점(악어의 눈)으로 생명을 바라보면, 눈에 보이는 것은 몸과 먹이로서의 생명이다. 우리는 자신이 먹이사슬 일부라는 사실을 인정하지 않을 수 없게 된다. 우리 몸의 장내 세균총에게 우리는 숙주이고 그들은 손님이다. 미생물은 우리 몸을 먹고 살며 서로 먹고 먹히는 일종의 공생 관계를 형성한다. 이러한 관계는 모든 생명의 근본 법칙이다. 먹는다는 것은 이처럼 심오한 철학적 의미가 있는 사건이다. 모든 동물과 식물의 죽음 역시 또 다른 생명의 시작이다. 우리의 생명은 타자의 죽음을 낳고, 또 우리의 죽음은 타자의 생명이 된다. 이는 생명의 잔혹함이자 생명의 가치다.

시간의 횡포를 깨부수다

청년 병에 걸린 뒤에 시간의 차원이 그 전과 달라졌나요? 저는 어제 10분 늦게 도착했습니다. 선생님께 늦는다는 메시지를 보내는데 정말 죄송했어요. 근데 그때 문득 이런 생각도 들었어요. 내가 10분 일찍 오거나 혹은 10분 늦게 오는 게 선생님에게 큰 차이가 있을까?

 지금의 나에게는 10분이라는 시간 차이는 그다지 큰 의미가 없네. 여기서는 거의 움직이지 않으니까 어떤 의미에서는 시간이 정지되었다고 할 수 있지. 하지만 건강한 사람에게는 10분이 많은 일을 하거나 계획할 수 있는 시간이지. 가령 자네라면 아마 10분 동안 2킬로미터도 달릴 수 있을 걸세.

시간은 사건과 관련이 있어. 만일 어떤 일이 매우 지루하게 느껴질 때는 그 일이 자네의 기억 속에서 차지하는 시간은 매우 짧을 걸세. 반면에 재밌었던 일은 자네의 기억 속에서 비교적 오랜 시간 남아 있겠지. 실제로 첫 번째 일이 두 번째 일보다 더 많은 시간을 소모했을 수도 있지만, 자네의 인지와 기억은 완전히 다를 거야. 따라서 주관적인 시간의 길이는 사건 내용과 깊이 연관되어 있네. 사건이 '활기에 넘칠수록' 자네는 훨씬 풍성한 시간을 경험하게 되는 것이지.

여기서 언급한 시간은 주로 생명 경험으로서의 시간이네. 인간의 대뇌 속에는 해마라는 구조가 있는데,

주로 사건의 기억을 '부호화'하는 일을 맡고 있지. 그
과정에서 변화가 없는 사건은 주관적 경험에서 비교
적 적은 신호를 생성하네. 사람 대부분이 중년의 나
이에 접어든 뒤에는 시간이 '쏜살같이 지나는' 느낌
을 받아. 그건 중년의 생활이 상대적으로 무미건조하
기 때문이지. 반면에 유년기나 청년기에는 시간이 매
우 길게 느껴지네. 그건 일상이 신앙과 도전으로 가
득 차 있기 때문이고.

청년 초등학생 때는 정말 밤새도록 과제를 하고 또 친구
들과도 놀았어요. 그때는 밤이 참 길다는 느낌이 들
었습니다. 밤새우는 것이 힘들어서 길게 느껴진 것
이 아니라 밤마다 매우 충만하고 만족스러운 시간을
보냈기 때문이지요. 하지만 직장인이 된 뒤에는 밤이
항상 짧게 느껴집니다. 가령 휴대전화에 몰두하고 난
다음 날에는 전날 밤에 무엇을 했는지조차도 기억나
지 않았어요.

주루이 그건 주체적인 참여성이 다르기 때문이지. 초등학생 시절의 자네는 적극적으로 참여했고, 반면에 어른이 되어 휴대전화에 빠져 있을 때는 수동적이었기 때문이네.

청년 만일 달력 시간의 족쇄에서 벗어날 수 있다면 우리는 주관적으로 어떤 순서의 시간을 선택할 수 있을까요?

주루이 인간의 의식 속에 그러한 경향이 내재되어 있으므로 달력 시간의 족쇄에서 완전히 벗어나기는 어려울 걸세. 다만 우리가 오류를 범하고 있다는 사실을, 그리고 그 오류도 생명의 일부분이라는 점은 잊지 말아야겠지.

청년 요즘 사회적으로 논쟁거리가 되는 문제들이 문득 떠올랐는데요. 뉴스에서 30살 청년의 죽음이 보도될 때는 많은 사람이 너무 이른 나이에 생명을 잃었다며 안타까움을 표합니다. 그런데 정작 35세 청년이 일자

리를 구하려고 나설 때는 나이가 너무 많다고 퇴짜를
맞지요.

주루이 그것이 바로 달력 시간의 횡포라네. 달력 시간의 족
쇄가 우리가 사물을 바라보는 방식을 통제하거든. 달
력 시간의 횡포를 깨부수는 데는 사회 전반의 노력이
필요하네.

청년 줄곧 '시간'에 대해 대화를 나눴는데요. 문득 중학교
시절에 읽은 『모리와 함께한 화요일』이 떠오릅니다.
미국의 어느 교수가 죽음을 앞두고 제자와 열네 번의
마지막 수업을 하는 내용입니다. 제가 매우 좋아했던
책이지요. 그래서 이런 질문을 하고 싶어지네요. 생
명의 끝자락에서 이 책을 쓰고 계시는 선생님은 어떤
독자들을 염두에 두고 계시는지요?

주루이 『모리와 함께한 화요일』은 나도 감명 깊게 읽었다네.
어쩌면 우리의 대화를 책으로서 세상에 내놓을 수

　　　　　　　　　　　　철학자의 마지막 수업

있겠지. 그렇게 된다면 우리의 독자는 이 세상의 모
든 사람이 될 수 있을 거야.

THE LAST CLASS OF THE PHILOSOPHER

어떤 삶을 선택할 것인가

인간의 존재 하나하나에는 우주의 기적이 담겨 있다.

이는 은유가 아니라 사실 그대로의 표현이다.

인간의 의식 하나하나는 우주를 반짝이게 한다.

이는 시적인 언어가 아니라 객관적인 묘사이다.

2024년 6월 4일 나는 중국 런민대학교 봄 학기에 개강했던 '예술과 인간의 뇌'의 마지막 강의를 했다. 내가 강단에 서는 마지막 날이기도 했다. 그날 강의의 주제가 '생명의 크고 작은 것에 대한 변론'이었다.

나는 무릇 예술은 아름다움만이 아니라 진실을 추구한다고 입버릇처럼 강조해왔다. 예술은 철학이나 과학과 크게 다르지 않다. 한 가지 다른 점이 있다면, 아마도 진실 추구를 위한 예술만의 독특한 접근 방식일 것이다. 예술의 진실 추구는 경험을 토대로 한다. 적어도 그 시작점에는 예술가

　　　　　　　　철학자의 마지막 수업

의 개인적인 경험이 필요하다. 반면에 과학과 철학에는 개인적인 경험이 꼭 필요하지는 않다.

좀 더 간단히 말하면, 예술은 개인적인 경험을 보편적인 인식으로 승화시킨 것이다. 예술가는 자기의 경험을 반드시 대중이 이해할 수 있는 방식으로 전달해야 한다. 그렇지 않으면 그 예술은 더 이상 예술이라 부를 수가 없다. 그저 개인의 경험일 뿐이다.

그렇다면 철학은 어떨까? 철학은 보편적이고 절대적인 진리라는 시작점에서 삶과 개인의 차원으로 내려오는 것이다. 이것이 바로 철학의 하향식 접근 방식이다. 만일 철학에 개인의 경험 요소가 포함되어 있다고 해도, 기껏해야 보편적이고 절대적인 원칙을 개인의 경험으로 재해석한 것에 불과하다. 즉, 철학이 철학자로 변한 것이라고 할 수 있다. 따라서 예술은 개인적 성격을 지나치게 강조해서는 안 된다. 마찬가지로 철학 역시 개인적인 요소를 지니고 있으므로 철학의 보편성만을 지나치게 강조해서는 안 된다. 가령 소크라테스도 그의 철학의 상징인 동시에 한 명의 철학자이지 않은가?

이는 스위스의 정신과 의사이자 심리학자로, 현대 심리학과 정신분석학의 창시자인 카를 구스타프 융(Carl Gustav Jung)이 자신의 논문 「자아와 무의식」에서 언급한 흥미로운 사례를 떠올리게 한다.

융과 친한 어느 정신질환자가 매우 신기한 경험을 했다며 융에게 털어놓았다. 그 환자는 이 세상은 한 권의 동화책이고, 그림책의 페이지를 마음대로 넘길 수 있다고 여겼다. 그리고 페이지를 넘길 때마다 그는 다른 세상을 볼 수 있었다. 융은 이 환자의 이야기에 매우 놀랐다. 이는 독일의 철학자인 아르투어 쇼펜하우어(Arthur Schopenhauer)의 『의지와 표상으로서의 세계』 이론의 초기 형태와도 비견할 만하다고 여겼다. 하지만 그 환자는 쇼펜하우어가 되지 못했다. 오히려 그러한 신기한 경험에 압도되어 정신질환자가 되고 말았다. 그는 그 경험을 장악하지 못하고 오히려 지배당하고 만 것이다. 그의 관점은 개인적인 경험 수준에서 더 이상 발전하지 못하고 단순히 자발적인 성장 단계에 멈추고 말았다. 개인 경험을 추상화해서 합리적이고 절대적 원리로 승화시켜서 보편적인 언어로 표현하는 데 실패

 철학자의 마지막 수업

한 것이다. 따라서 예술가에게 주어진 과제는 남다른 개인적 경험을 가지는 것뿐만 아니라, 그것을 승화시켜서 본래의 개인적 느낌을 독창적이되 보편적인 방식으로 전달하는 것이다.

철학과 과학도 경외심을 불러일으키는 측면이 있다. 가령 중국 달 탐사선 창어(嫦娥) 6호가 세계 최초로 달 뒷면에 착륙하여 토양과 암석 샘플을 채취해서 지구로 보내는 모습을 보았을 때를 떠올려 보자. 중국인이라면 너나 할 것 없이 크나큰 감동과 자부심을 느꼈을 것이다. 민족의 흥성, 국가의 번영, 우주를 탐사하는 달 탐사선이 보여준 잠재력…… 이는 과학적 경외심, 명확한 개념적 내용을 지닌 경외심이었다. 반면에 예술의 경외심은 다르다. 그것은 명확한 개념적 내용을 담고 있지는 않지만, 단숨에 당신을 사로잡을 수 있다. 당신의 지식에 의존하는 것이 아니라 당신의 개인적 경험과 공감대를 형성하기 때문이다.

독일의 철학자 임마누엘 칸트(Immanuel Kant)는 우리에게 영원한 경외심을 불러일으키는 두 가지가 있다고 말했다. 하나는 우리 머리 위의 별이 빛나는 광활한 밤하늘이고, 또 하나는 사람들 마음속의 고귀한 도덕 법칙이다. 칸트가 말한 경외심은 어떤 모습일까? 한번 상상해 보자. 어둠의 장막이 드리워지고, 바쁜 일과를 마친 우리는 잔뜩 피곤함에 지쳐 있다. 이때 번잡한 일들에서 벗어나 별이 빛나는 드넓은 밤하늘을 바라본다고 생각해 보라. 아마 대부분 사람은 그 순간 경외심을 느끼게 될 것이다. 바로 예술적 경외심을 말이다.

이렇듯 예술은 개인적 경험을 초월하여 보편적 경지, 즉 '진실'의 경지에 도달해야 한다. 우리는 이러한 개인적 경험과 보편적 원칙의 구분을 크고 작은 것에 대한 변론을 통해 살펴볼 수 있다.

저것은 어디로 가려는 건가

크고 작은 것에 대한 변론을 설명한 판본은 매우 많다. 나는 그중에서 예술적 상상력이 가장 풍부한 변론으로 『장자(莊子)』의 「소요유(逍遙遊)」 편을 좋아한다.

북쪽 검푸른 바다에 물고기가 있으니 그 이름을 곤(鯤)이라 한다. 곤의 크기가 몇천 리나 되는지 알 수 없다. 어느 날 그것이 변하여 새가 되니 그 이름을 붕(鵬)이라 한다. 이 붕의 등 넓이도 몇천 리나 되는지 알 수 없다. 붕이 날아오르면 날개는 하늘을 덮은 구름과 같다. 붕은 바다 기운이 움직여 대풍(大風)이 불어야 남쪽 바다로 날아갈 수 있다. 남쪽 바다는 곧 천지(天池)를 말한다. 그때 메추라기가 붕을 보고 비웃으며 말했다. "저것은 어디로 가려는 건가. 나는 힘껏 날아올라도 겨우 몇 길 올랐다가 내려앉고, 쑥대 사이를 누비고 다니는 것이 고작이지만, 이것도 역시 날아다니는 것이다. 그런데 저것은 어디로 가려는 걸까?" 이것이 작은 것과 큰 것의 차이다.

-『장자』의 「소요유」 중에서

풀어서 설명하면 이렇다. 풀과 나무조차 나지 않는 불모의 땅인 북쪽 끝에 몸이 수천 리에 달할 만큼 거대한 곤이라는 물고기가 살고 있다. 또한, 이 곤이 변하여 붕이라는 새가 되는데, 등이 태산같이 넓고 날개를 펼치면 하늘을 덮은 구름처럼 넓다. 붕은 바람의 힘을 빌려 구만리를 솟구쳐 올라 구름을 넘고 푸른 하늘을 등에 지고 남쪽으로 날아간다. 그런데 늪에 사는 참새가 붕을 비웃으며 자기는 단번에 솟구쳐 올라 수 미터를 날아올랐다 내려올 수 있다고 말한다. 비록 수초 사이 이리저리 맴도는 것에 불과하지만, 이것 역시 매우 뛰어난 비행 실력이라고 말이다. 그러할진대 굳이 머나먼 남쪽 바다까지 가는 것이 무슨 의미가 있을까? 내 뒷마당을 활동 영역으로 삼아 사는 것도 매우 좋지 않은가? 이것이 바로 「소요유」 속의 크고 작은 것에 대한 변론이다.

우리는 전통적으로 '큰 지혜'는 의미 있는 것이고, '작은 지혜'는 가치가 없는 것이라고 여긴다. 하지만 나는 이런 생각이 틀렸다고 생각한다. 더 큰 것을 위해 작은 것을 희생하는 것은 다소 편파적인 사고방식이다. 오늘날 전 세계적인 추세를 이루고 있는 생활철학이 있다. 편의상 스몰 라이프(small life)라고 부르기로 하자. 바로, 소소한 일상을 살아가는 것을 말하는데, 우리가 살아가는 세상은 저 먼 곳이 아니라 바로 내 뒷마당에 있다는 것이다. '큰 것'은 일종의 자본주의의 변형이자 다국적 기업의 상징이며, 스몰 라이프는 이처럼 모든 것을 다 삼켜버리는 '큰 것'에 저항하는 것이라고 설명하는 이도 있다.

하지만 스몰 라이프는 높은 경쟁과 압박이라는 환경에서 동떨어져 최소한의 삶만을 선택하는 것을 의미하지는 않는다. 그렇다고 생각도, 선택의 권리도 포기한 채 주변 환경에 자신을 맡긴다는 뜻은 더더구나 아니다. 이른바 '주변 환경에 자신을 내맡긴다.'라는 것은 사실상 자신이 평범한 사람으로 살아가는 것을 부정하는 것이나 다름없다. 스몰 라이프는 대충 하루를 살아가는 것이 아니라, '작은 것'이 지닌 의미를 새롭게 깨닫는 것을 뜻한다. 가령 뒷마당의 텃밭에 호박과 당근을 심어 자급자족하거나 목가적인 전원생활을 하면서 자본이 모든 것을 통제하는 상업 세계, 소비 세계에서 벗어나겠다고 스스로 선포하는 것이다. 스몰 라이프는 능동적인 삶으로서 현대적이고 친환경적이며, 심지어 본질적인 자신을 마주하는 인격 의식의 해방을 상징한다. 따라서 우리는 '크다'라는 이유만으로 맹목적으로 숭배해서도 안 되고, 또 '작다'라는 이유만으로 경멸해서도 안 된다.

사실 우리는 모두가 평범한 사람으로서 '작은' 존재이다. 빌딩 숲을 벗어나 귀촌하여 전원생활을 누리는 것은 수많은 도시인들의 로망이다. 그러나 그들이 갈망하는 것은 거대한 강줄기가 아니라 졸졸 흐르는 작은 시냇물이다. 개인적인 경험은 이러한 '작은 것'과 불가분의 관계이다. 특히 '크고 위대한 것'만을 중시하는 오늘날, 우리가 개인의 경험을 중시하고 또 그 경험 안에서 자신의 '위대함'을 만들어낼 수 있다면, 이는 예술적 자기 구원의 길이 될 것이다.

생명은 원자보다 크다

크고 작은 것에 대한 두 번째 변론은 위대한 물리학자 에르빈 슈뢰딩거(Erwin Rudolf Josef Alexander Schrödinger)[16]로부

---

16 오스트리아의 이론 물리학자로서 양자역학의 체계를 세우는 데 큰 공헌을 했다 역주

 철학자의 마지막 수업

터 시작되었다. 1943년 2월 슈뢰딩거는 베를린에서 "생명
이란 무엇인가?"라는 제목의 과학사상 기념비적인 강연을
했다. 슈뢰딩거는 얼핏 보기에 생뚱맞기만 한 질문으로 강
연을 시작했다. 원자는 이토록 미세한데 생명은 왜 이토록
거대할까? 사실 이는 대단히 심오한 문제다. 완전히 새로운
관점에서 생명과 인지의 관계를 탐구하는 것이기 때문이
다. 그래서 나는 이를 '슈뢰딩거의 크고 작은 것에 관한 변
론'이라고 부른다.

사람은 왜 원자처럼 작고 정교하지 못할까? 작고 정교한
생명은 우주의 그 어떤 미세한 진동까지도 감지할 수 있다.
그러한 생명은 분명 대단히 경이로울 것이며, 또 그러한 지
식은 '전지전능'할 것이다. 그렇지 않은가? 하지만 슈뢰딩
거의 대답은 정반대였다.

그는 모든 원자는 끊임없이 무질서한 열운동을 하고 있
다고 여겼다. 만일 생명체가 무질서한 원자의 진동을 감지
할 수 있다면, 그것은 단지 우주의 소음에 불과할 뿐이며,
거기에서 알아낼 수 있는 것은 아무것도 없을 거라고. 슈뢰
딩거가 보기에 모든 물리학 법칙은 확률의 법칙이다. 다수

의 원자가 모이면 움직이는 방향이 생기고, 그렇게 되면 통계적으로도 수치를 통해 예측할 수 있다. 즉, 무질서 속에 질서가 생긴다.

여기서 그의 주장은 두 가지 의미가 있다. 하나는 만일 생명이 원자처럼 미세하다면 생명의 탄생은 불가능하다. 왜냐하면 생명 자체가 고유한 질서이기 때문이다. 또 하나는 만일 생명의 인지가 지나치게 예민하여 개별 원자의 운동까지 감지한다면, 오히려 인지 자체가 불가능해진다. 따라서 생명과 인지 사이는 유사한 평행 관계에 놓여 있다고 할 수 있다. 둘다 단일한 혹은 소수의 원자로는 실현될 수 없다. 그래서 슈뢰딩거의 관점에서 전부를 아는 것(全知)은 곧, 무지(無知)를 의미한다. 이것이 바로 슈뢰딩거가 "생명은 크다."라고 말하는 이유다. 생명이 원자보다 커야만 무질서 속에서 질서를 볼 수 있기 때문이다.

그렇다면 생명의 작음은 무엇일까? 유전학의 관점에서 보면, 개체의 생명은 모두가 하나의 세포(수정란)의 무한 복제와 분열에서 비롯된다. 또한, 세포 안의 핵심 기관인 세포핵에는 생명에 필요한 대부분의 '요소'가 담겨 있다. 생명의 법칙은 물리학 법칙보다 더욱 복잡한 것이 마땅하지만, 이처럼 적은 수의 원자로 복잡하고 방대한 생명을 만들어낼 수 있다는 사실이 바로 '생명의 작음'을 의미한다.

이러한 크고 작은 것에 대한 변론에 기반하여 슈뢰딩거는 과학계를 뒤흔들고 더 나아가 20세기 과학의 발전을 크게 진전시킨 가설을 내세웠다. 원자 자체는 생명과 인지의 법칙을 드러내지 못한다. 그렇다면 세포핵 안에는 물리학의 무질서적인 열운동을 비껴가는 모종의 생명 코드가 존재할 것이다. 다시 말해서 세포핵 내부에 개체의 생명 법칙을 코드 형태로 저장해야만(코드의 저장과 해독에는 열을 소모할 필요가 없으므로), 다수의 원자가 모여야 규칙성을 만들어낼 수 있다는 전제에서 벗어날 수 있다는 것이다.

훗날 제임스 왓슨(James Dewey Watson)과 프랜시스 크릭(Francis Crick)은 이러한 슈뢰딩거의 가설에 기반하여 DNA의 이중 나선 구조를 발견함으로써 생명의 비밀을 풀어냈다. 이것이 바로 생각하는 힘이자 질문의 힘이다.

생명의 크고 작음에 대한 변론

나는 병에 걸린 뒤 크고 작은 것에 대한 세 번째 변론을
여러 번 떠올렸다. 그것은 한 장의 사진에서 시작되었다.
1990년 2월 14일 미국항공우주국(NASA)이 발사한 탐사선
보이저 1호가 태양계를 벗어나는 마지막 순간을 맞이했다.
이때 미국항공우주국은 보이저 1호에 지구를 마지막으로
바라보라는 명령을 내렸다. '방향을 돌려' 지구 사진 한 장
을 찍으라는 것이었다.

사진 속에서 지구는 카메라 화소 한 개보다 작은 0.12 픽
셀의 희미한 푸른 점에 불과했다. 이 사진을 찍은 뒤 보이
저 1호의 카메라는 영구적으로 닫혔다. 아마 조금이라도 감
수성이 예민한 사람이라면 누구라도 이 사진에서 특별한
감정을 느끼게 될 것이다. 우주에서 봤을 때 우리가 사는
지구는 그저 먼지 한 점에 불과했다. 그 먼지 한 점이 우리
가 지키기 위해 울고, 마음 졸이며 걱정하고, 고군분투하는
우리의 집이다. 나는 이 복잡한 감정이 형이상학적 두려움
이라는 생각이 든다. 개인적인 경험과는 전혀 관련이 없지

 철학자의 마지막 수업

NASA 촬영, 「창백한 푸른 점」, 1990년[17]

만, 생명의 진정한 의미는 무엇인지 깊이 생각하게 만든다.

이 사진에는 특별한 일화가 있다. 미국의 천문학자 칼 세이건(Carl Sagan)이 미국항공우주국에 지구 사진 촬영을 요

---

17 1990년 2월 14일, 보이저 1호가 태양으로부터 60억 킬로미터 떨어진 곳에서 촬영한 지구의 사진이다. 우주선에 반사되는 태양광 때문에 지구는 태양광선에 파묻힌 것처럼 보인다. 사진 속에서 태양광선 위에 떠 있는 푸른 점이 지구이다.

청했을 때 보이저 1호 설계자들은 두 가지 이유로 반대했
다. 하나는 사진 촬영 자체가 대단히 위험하다는 것이었다.
지구로부터 60억 킬로미터 떨어진 곳에서 사전에 계획되
지 않은 일로 전력을 사용할 경우, 설령 아주 미세한 전력
량이라도 기기 고장을 불러일으킬 위험이 있었다. 그렇게
되면 보이저 1호는 광활한 우주의 심연으로 추락하게 될
것이다.

바로 그러한 이유로 나는 이 사진에서 크나큰 감동을 느
꼈다. 문득 그리스·로마 신화 속의 비극적인 이야기가 떠
올랐으니 말이다. 오르페우스가 죽은 자들의 왕이자 저승
의 지배자인 하데스에게 사랑하는 에우리디케를 풀어달라
고 간청했을 때다. 그의 애절한 노래에 감동한 하데스는 오
르페우스에게 아내와 함께 지상으로 돌아가는 것을 승낙한
다. 이때 하데스는 오르페우스에게 지상에 도착할 때까지
절대로 뒤를 돌아서 에우리디케를 보면 안 된다고 경고했
다. 하지만 오르페우스는 저승 세계를 떠나는 도중에 아내
가 잘 오고 있는지 궁금해져 뒤를 돌아보고 말았다. 그 순
간 에우리디케는 저승 세계의 심연으로 추락하여 다시는

　　　　　　　　　　　　　철학자의 마지막 수업

돌아오지 못하게 되었다.

그러나 칼 세이건과 미국항공우주국은 위험을 무릅쓰고 뒤를 돌아보았고, 그 결과 인류에게 이 희미한 사진 한 장을 선물해 줄 수 있었다. 이는 철학적으로 대단히 의미 있는 일이다.

또 하나는, 우리가 잠시만 생각해도 충분히 이해할 수 있는 이유였다. 즉, 60억 킬로미터 떨어진 곳에서 지구를 관찰했을 때 그 크기가 매우 작을 것이라는 건 너무도 당연했다. 뻔한 결과를 확인하기 위해 그처럼 큰 위험을 감수할 필요가 있을까? 그러나 미국항공우주국은 보이저 1호는 태양계를 벗어나는 마지막 순간에 칼 세이건의 요청을 받아들였다.

나는 사진을 보는 순간 이 사진이 우리 모두에게 어떤 특별한 무언가를 가져다주었다고 확신했다. 바로 우리가 기존에 알고 있는 범위를 넘어서는 우주적 관점 말이다. 우주 탐사선은 인간의 눈을 대신하는 도구로서 모호하면서도 구체적인 풍경을 전달했다. 그 풍경은 추상적인 지식일 뿐만 아니라, 인류의 우주적 감정을 한층 분명하게 불러일으켰다. 그 덕분에 우리는 처음으로 단순한 과학적 관점이 아니라 우주적 관점에서 인류와 인류의 터전을 바라보게 되었다. 아마도 이처럼 모호하면서도 구체적인 풍경만이 우리에게 다양한 감정을 전달할 수 있을 것이다.

칼 세이건은 나중에 『창백한 푸른 점』이라는 책을 썼는데, 그는 그 책에서 창백한 푸른 점이야말로 우리가 걱정하고, 흐느끼고, 연연해하는 인류의 고향이며, 인류 역사에서 발생한 모든 사건과 사람들이 이 한 점의 먼지에 담겨 있다고 말했다.

방대한 우주는 우리에게 지구가 얼마나 작은지, 인간이 얼마나 미미한 존재인지, 그리고 수천 년의 인류 문명은 그저 한순간에 불과하다는 사실을 깨닫게 해주었다. 이러한 방대한 관점에서 봤을 때 성공을 좇으며 소모적인 무한경쟁을 벌이는 것은 무의미하기 짝이 없지만, 그렇다고 그것이 우리를 허무주의로 이끌지는 않는다. 지구는 지극히 작고 미미하지만, 그 자체의 정교함, 경이로움, 기적을 지니고 있다. 보이저 1호가 바로 이 한 점의 먼지에서 발사되지 않았는가?

우리는 모두 우주 속에 살아가는 생명이며, 또한 우주의 자식들이다. 만일 우주 전체를 무한한 공간으로 본다면, 바로 이 먼지 한 점 때문에 우주는 자기 인식을 하게 되지 않았을까? 바로 이 먼지 한 점 속 사람들의 자각, 그들의 의식, 그리고 '진리'를 탐구하려는 집착 때문에 우주 전체가 살아 숨쉬기 시작하면서 하나의 생명체가 된 것이다. 이 0.12 픽셀의 창백한 푸른 점이 우주를 반짝반짝 빛나게 하고, 더 나아가 온 우주를 빛나게 했다. 만일 이 창백한 푸른 점이 없었다면, 적어도 현재까지는 우리 인간만이 우주에서 의식을 가진 유일한 생명체일 것이며, 우주는 쥐 죽은 듯 고요한 적막만 가득한 곳으로 남았을 것이다.

고대 중국인들은 일찍이 이러한 우주적 의식의 싹을 틔웠다. 당(唐) 대 시인 장약허(張若虛)는 「춘강화월야(春江花月夜)」에서 우주에 대해 이렇게 묘사했다.

봄 강에 밀물 들어오니 바다와 평평히 이어지고,
강 위의 밝은 달은 조수와 함께 떠오르네.
일렁이는 물결 따라 천만리를 비추니,

봄 강 어디엔들 달 아니 밝으리!
……

강과 하늘은 한 색이라 티끌조차 없이,
밝은 허공에 외로운 달만 두둥실 떠 있구나.

이 시는 우주를 들먹이고서는 곧바로 시간에 관해 이야기
한다. 장약허는 의문문으로 질문을 던지지만 정작 답은 하
지 않았다.

강가에서 누가 처음 저 달을 보았을까?
강에 비친 달은 언제 처음 사람을 비추었을까?
인생은 대대로 이어지며 그침이 없는데,
강에 비친 달은 다만 해마다 그대로이네.
강에 비친 달은 누구를 기다리는지 모르지만,
장강은 그저 물만 흘려보내는구나.

사실 우리는 인간 존재의 무의미함에 관해 이야기할 때 두
가지 느낌을 받곤 한다. 하나는 공간 속에서 인간의 참으로

 철학자의 마지막 수업

미미한 존재라는 느낌이고, 또 하나는 시간 속에서 우리는 무의미한 존재라는 느낌이다. 5천 년에 걸친 역사의 무게 또한 시간의 강 속에서 그저 한순간에 불과하다. 아니 그보다 더 짧은 순간에 불과하다. 공간 속에서도 무의미할 뿐만 아니라, 우리의 시간 역시 멈춰 있는 듯하다. 마치 방대한 우주 속에서 시간도, 역사도, 심지어 우리가 연연해야 할 그 무엇도 없는 듯하다.

「춘강화월야」에 대한 나의 해석이 정확하지 않을 수 있지만, 장약허의 시구절을 보고 있자면 이런 생각이 든다. 정말로 '처음 달을 본' 사람이 있을까? 정말로 '달이 처음 사람을 비춘' 때가 있을까? 우리가 제4의 비인칭 관점 즉, 우주적 관점에서 인간을 바라보면, 나를 포함한 주변의 소중한 사람들, 또 우리가 증오하는 역사 따위는 그다지 의미가 없게 되어버린다.

크고 작은 것에 대한 변론은 개인의 생명과 보편적인 법칙 사이의 변증법적 관계다. 보편적인 법칙이 제아무리 크고 절대적이더라도, 개인적인 생명을 현실로 구현시키는 작고, 개인적이고, 미묘한 측면이 항상 존재한다.

왜냐하면 유한한 몸만이 생명을 누릴 가치가 있기 때문이다. 사실 인간의 존재 하나하나에는 우주의 기적이 담겨 있다. 이는 은유가 아니라 사실 그대로의 표현이다. 또한 인간의 의식 하나하나는 우주를 반짝이게 한다. 이는 시적인 언어가 아니라 객관적인 묘사이다.

그러니 예술가든 철학자든, 과학자든 혹은 일개 개인이든, 작은 것과 큰 것 사이를 끊임없이 넘나들며 '진리'를 추구하는 관점을 유연하게 바꿔야 한다는 것을 잊지 말아야 한다. 만일 우리가 공허하고 소모적이며 허황한 추구에 파묻히지 않고, 유연한 관점에서 자신과 생명, 진리 추구를 이해한다면, 그제서야 생명은 비로소 진정한 의미를 갖게 될 것이다.

우리가 사회생활을 할 때도 자신이 처한 곤경이나 부당한 대우를 지나치게 확대해석할 필요가 없다. 또한, 자신이 이룬 성취를 지나치게 과소평가해서도 안 된다. 우리는 평범하면서도 본받을 만한 사람이 되도록 매사 최선을 다해야 한다. 또한, 사회는 매우 크면서도 또 작다. 그런데도 많은 사람이 각계각층에서 자기 능력을 자유롭게 발휘할 수

　철학자의 마지막 수업

있는 다양한 공간이 있다는 사실을 잊고 있다. 동시에 사회는 생각보다 작다는 사실도 간과한다.

이처럼 방대한 풍경 속에서 평범함이야말로 궁극적인 진리이며, 개인의 생명 체험이야말로 가장 소중하다. 자기의 의식에 집중하며, 그 안에 담긴 것을 계발하여 이 세상을 순수하게 경험해야 한다. 개개인의 작고 미약함은 구차하거나 비천한 것이 아니다. 바로 그처럼 작고 미약하기에 개개인은 마음속의 보편적 진리를 믿으며 드넓은 우주에 필적할 만한 존재가 될 수 있다. 나는 이것이야말로 크고 작은 것에 관한 변론의 본질이라고 생각한다. 장자나 슈뢰딩거, 그리고 창백한 푸른 점이 가리키는 것은 바로 이러한 이치일 것이다.

마지막 수업으로 약간은 공허하지만 심오한 진리를 여러분과 공유했다. 사실 나 개인에게는 이것들이 공허한 진리가 전혀 아니다. 유비(劉備)는 죽기 전에 아들 유선(劉禪)에게 이런 말을 남겼다. "선(善)이 작다고 이를 행하지 않아서는 안 된다. 악(惡)이 작다고 이를 행해서도 안 된다." 사실이 역시 크고 작은 것에 관한 변론으로서 우리가 깊이 성찰할 만한 가치가 있는 도리다.

유한함 속에서 무한함을 찾다

항상 그랬던 것처럼 학생들의 질문에 대한 답으로 이번 수업도 끝맺으려고 한다.

학생 A 이 작은 지구상의 복잡한 생명의 역사라는 관점에서 봤을 때, 우리 종인 호모 사피엔스가 오늘날까지 진화 발전하여, 우리가 이렇게 강의실에서 이 문제를 논할 수 있다는 것 자체가 대단히 위대한 업적인 것 같습니다. 한 마디로 기적처럼 느껴집니다.

인간 의식이 진화한 기원을 살펴보면, 최초의 의식은 아마도 이 세상에 대한 인식이 아니었을까요? 예컨대, 외부 사물에 대해 난 저것이 좋다거나 싫다고 하는 식의 가장 원시적인 평가나 느낌에서부터 시작되었을 것 같습니다. 이 지구라는 작은 세상을 우리는

　　　　　　　　　　　　철학자의 마지막 수업

다른 유한한 생명과 함께 공유하고 있잖습니까? 그 유한한 생명이 생존을 위해 어떻게 각양각색의 형태를 띠고, 또 어떻게 다양한 생존 전략을 강구해왔는지를 이해한다면, 아마도 우리는 인간으로서 생명 자체의 진정한 의미를 좀 더 잘 이해할 수 있을 것 같습니다.

주루이 아주 좋은 말일세. 이건 확실히 기적이라고 할 수 있지. 우리의 수업뿐만 아니라 모든 대학의 수업도 하나의 기적이지. 왜냐하면 우리는 어떠한 외부적 목적 없이 순수한 방식으로 소통하고 있기 때문이야. 인간 의식의 발전이라는 관점에서 말하면, 이것은 '에이펙스(apex)', 즉 일종의 정점이자 우주의 기적이라네.

학생 B 저는 좀 더 구체적인 질문을 하고 싶습니다. 교수님께서 인간과 우주 사이의 크고 작은 변론에 관해 설명하실 때 저는 문득 매우 구체적이면서도 개인적인 고민이 떠올랐습니다. 예컨대 대학원 진학 문제입니다. 대학원을 진학하는 것이 의미가 있을까요? 아니면 없을까요? 의미가 있다면 어떤 측면에서인가요? 대학원의 존재 이유 혹은 존재의 가치는 무엇일까요? 저는 대학원 진학이 그저 인생에서 불가피할 때만 의미가 있다는 생각이 듭니다.

주루이 그 질문에 대한 대답은 오로지 자네만 찾을 수 있네. 옳다, 그르다고 말할 수 있는 기준이 없다네. 어떤 사람들은 어떤 일을 두고 "이건 무의미한 일이야!" 혹은 "이따위 일을 해야 한다니 내가 너무 처량하다." 등의 미리 판단을 하기도 하지.

하지만 내 생각은 이렇다네. 어떤 일이 가치가 있는지는 개인이 추구하는 것, 열정, 포부에 따라 다르다고. 사람들 모두가 과학자나 철학자 혹은 기타 학문을 연구하는 사람이 될 필요는 없다네. 나는 직업에는 귀천이 없다고 생각해. 모든 직업에는 모두 한계가 있어. 자네도 대학원 진학의 한계성을 정확히 알아야 하네. 그 한계 속에서 자네의 재능을 충분히 발휘하고, 또 자네의 열정을 온전히 쏟아붓기를 진심으로 원하는지 자기 자신을 되돌아봐야 하네. 이것이 바로 자네가 고민해야 할 진짜 문제라네. 만일 자네가 대학원 진학 문제를 내면의 문제가 아니라 외적 문제로 간주한다면 말이지. 가령 "나는 대학원에 진학해야 할까? 대학원 진학이 무슨 의미가 있을까?"라는 식으로 생각한다면, 그건 접근 방식이 잘못된 거라고 생각하네.

무슨 일을 하든 '진실'에서 벗어나서는 안 되네. 만일 자기기만에 빠져 산다면 그건 자기의 생명을 낭비하고 또 자기 생명을 존중하지 않는 것이라네. '진실'은 심오한 자기 경험에서 비롯된다네. 자네 자신에게 질문을 하게. 대학원 진학이 무의하다고 생각된다면 하지 말게. 하지만 자네의 꿈을 실현하는 데 필요하다고 생각된다면 망설이지 말고 도전하게. 결과가 어떻게 되든 생각할 필요는 없어. 대학원 진학뿐만 아니라 인생의 모든 일을 그렇게 선택해야 한다네.

학생 C 저는 졸업한 지 오래된 청강생입니다. 대학원 진학 문제에 대해 오랫동안 직장 생활을 하는 선배로서 여러분께 한마디 하고 싶습니다. 용감하게 문제를 마주하고 자신을 정확하게 돌아보세요. 어떤 일의 장단점이 불분명할 때는 과감하게 도전해야 합니다. 도전조차 하지 않는다면 자신의 또 다른 가능성을 알 수 없기 때문이죠.

저는 이번에 몇 년 만에 철학 강의를 들었습니다. 주 교수님의 철학 강의는 오랜 기간 사회생활을 경험한 저에게 특히나 공감되는 부분이 많았습니다. 어쩌면 지금 당장 우리가 모두 철학적 공감을 할 수는 없을 겁니다. 하지만 몇 년 후에는 분명 오늘 이 수업과 주 교수님의 말씀을 떠올리는 순간이 올 것입니다.

바로 그처럼 작고 미약하기에
개개인은 마음속의 보편적 진리를 믿으며
드넓은 우주에 필적할 만한 존재가 될 수 있다.

THE LAST CLASS OF THE PHILOSOPHER

죽음은
우리의 것이 아니다

한 가지 간단한 사실은, 죽음은 그저 자연의 과정일 뿐이다. 우리는 죽음을 겪지 않는다. 왜냐하면 죽음은 '우리'의 것이 아니기 때문이다.

2024년 7월 22일, 청년과 대화를 나눈 지 8일째 되는 날이었다. 이날 청년은 나에게 프루스트 설문지[18] 속의 질문을 했다. "만일 죽은 뒤에 내세(來世)가 있다면 선생님은 어떤 사람이나 사물로 다시 태어나고 싶은가요?"

나의 대답은 고대 그리스 철학자 엠페도클레스(Empedocles)의 시 구절에서 빌려왔다. 나는 그의 시를 고대 그리스 음유시인 호메로스처럼 여러분 앞에서 낭송하려 하는데,

---

18 프루스트의 설문지는 19세기 파리 사교계에서 유행했던 개인 성향 질문지 중 하나로, 작가 마르셀 프루스트가 젊은 시절 작성한 답변본이 발견되면서 유명해진 질문 목록이다. -역주

  철학자의 마지막 수업

전해오는 이야기에 따르면 그는 에트나(Etna) 산[19] 분화구에 뛰어들어 죽었다고 한다.

나는 한때 소년이었고,

소녀였고,

드넓게 펼쳐진 관목 숲이었고,

한 마리 새였고,

수면 위로 뛰어오르는 침묵의 물고기였다.

시는 고대 그리스어로 쓰였는데 엠페도클레스의 어휘 선택이 매우 흥미롭다. 그는 "아마도"라고 말하지 않고 "한때"라는 표현을 사용했다. 곰곰이 생각해 보면, 나도 바다의 수면 위를 힘차게 뛰어오르는 침묵의 물고기가 되고 싶다. 나는 물고기로 변하는 것이 두렵지 않다. 바다에서 작은 물고기는 큰 물고기에게 잡아먹히거나 혹은 인간들의 그물에 걸려 식탁에 오를 가능성이 크다. 하지만 나는 그러한 것들

19　이탈리아 시칠리아 섬 동쪽에 위치하며, 유럽에서 가장 높은 활화산이다. -역주

이 전혀 두렵지 않다. 물고기가 인간에게 잡아먹히는 것은 너무도 당연한 일이다.

헌데 먹이사슬의 꼭대기에 있는 인간은 왜 죽은 뒤에 먹이사슬의 맨 아래로 내려가 감사를 표시하고 보답하지 않는가? 고래는 죽은 뒤에 깊은 바다로 가라앉아 바다에 진 빚을 갚는다. 고래의 사체는 해양 생물의 가장 중요한 먹이 공급원 중의 하나로 수많은 생물에게 1년 치의 식량을 제공한다.

침묵의 물고기가 되다

병을 앓으면서 나는 1993년에 상영된 영화 「얼라이브」를 다시 보았다. 이 영화는 실제로 발생한 사건을 다룬 영화였다. 1972년 칠레에서 열리는 대회에 참가하려는 우루과이 럭비팀을 태운 비행기가 안데스 산맥에서 추락했다. 혹한의 환경에 고립된 20여 명의 생존자는 죽음의 땅에서 벗어나기 위해 필사적으로 싸운다. 처음에는 희망을 품고 구조

 철학자의 마지막 수업

대를 기다리지만 이내 자신들의 현실에 절망하고 만다. 식량은 하루하루 줄어드는 데다 설상가상 눈사태까지 일어난다. 생존자들은 격렬한 토론과 몸부림 끝에 불가능하다고 여겼던 일을 시도한다. 즉, 죽은 동료의 시신을 먹는 것이었다. 그리고 비행기 추락 사고가 일어난 지 70여 일이 지나고서야 16명의 생존자가 마침내 죽음의 땅을 벗어났다.

“인간의 영혼이 있다고 믿나요?”

“네.”

“사람이 죽으면 영혼도 육신을 떠난다고 생각하나요?”

“물론이죠.”

“그렇다면 영혼이 떠나버린 육신은 그저 고깃덩이에 불과하니 먹어도 되겠군요.”

“만일 내가 죽어서 내 몸이 당신들이 생존하는 데 도움이 된다면, 그 몸을 먹어주기를 바랍니다.”

–영화 「얼라이브」 중에서

앞에서 언급했던 호주의 생태여성주의 학자 발 플럼우드는 악어에게 끌려가 죽음의 소용돌이를 경험한 뒤에 악어의 눈에 자신은 그저 먹이일 뿐이라는 관점을 갖게 되었다. 악어를 포함해 인간의 생명을 앗아갈 수 있는 생물들은, 우리가 받아들여야 할 생태적 정체성 즉, 우리가 먹이사슬의 꼭대기에 있는 게 아니라 먹이사슬의 일부라는 사실을 알려 준다.

우리는 음식의 중요성과 그 의미를 잘 알고 있다. 우리가 어떤 음식을 먹고 사는지는 우리의 지위와 인격을 상징한다. 그런데도 우리는 또한 음식물 본연의 진정한 의미를 극구 부정한다. 생태란 무엇인가? 환경이란 무엇인가? 그저 먹이사슬에 불과할 뿐이다. 그래서 플럼우드는 기적적으로 살아난 뒤 거듭해서 강조했다.

우리는 타자의 죽음 위에서 살고, 타자의 삶을 위해 죽는다. 이는 무엇을 의미할까? 가령 우리가 사슴고기를 먹을 때 사슴은 우리의 삶을 위해 그 몸을 바치는 셈이다. 또한, 인간이나 다른 동물이 죽은 뒤에는 또 다른 생명이 살아가는 데 자기의 몸을 바친다. 그러므로 먹이사슬에 속한 하나의 사건으로 봤을 때, 인간의 죽음은 많은 이들이 상상한 것만큼 고독하거나 위태롭고, 절대적인 종말이 아니다. 삶과 죽음은 서로 연결되어 있다. "나의 죽음은 다른 사람의 삶이고, 다른 사람의 삶은 나의 죽음으로 구현된다." 이렇게 생각해 보면 우리의 생명은 참으로 위대하다.

이러한 관점은 전통적인 장례 문화를 되돌아보게 한다. 사람이 죽은 뒤에 관에 넣어 땅에 묻든 그러지 않든 결과적으로 봤을 때 별다른 차이가 없다. 시체는 똑같이 미생물에 의해 분해될 테니 말이다. 관과 장례 문화로 죽음을 포장해서 자신을 자연으로부터 떨어뜨려 놓는 것은 참으로 이기적인 행위라고 할 수 있다.

전통적인 장례 방식인 매장, 화장 이외에도 유골을 바다에 뿌리는 경우도 있다. 「에루군강 오른쪽 기슭(額爾古納河右岸)」이란 영화에서는 에벤키족[20]은 서로 마주 보는 자작나무 네 그루를 골라서 나뭇가지 위에 사각형의 버팀목을 놓고 그 위에 시신을 눕힌 뒤 나뭇가지로 덮는다. 이것이 바로 풍장(風葬)이다. 대자연에 사는 소수민족은 이러한 전통

---

20 퉁구스계 소수민족으로 중국 내몽골 자치구에서 수렵채집 생활을 한다–역주

을 이어가고 있다. 세상을 떠나며 감사의 표현으로 자기 몸을 대자연에 바치는 것이다. 나는 이러한 장례 방식에서 생명에 대한 따듯한 온정을 느낀다.

우리는 그저 작은 존재가 아니다

"떨어진 꽃잎은 무정하지 않다. 봄의 진흙이 되어 꽃을 가꾸기 때문이다." 만일 이 시의 은유가 객관적인 사실이 된다면 어떨까? 아마 사람들은 자신과는 아무런 상관이 없어 보이는 식물이나 작은 동물들이 자신의 죽음으로 인해 생명을 얻는다는 생명 순환의 원리를 긍정할 것이다. 그러나 지금 '자신의 죽음'을 대하는 우리의 태도는 대부분 회피거나 두려움이다. 이상과 현실 사이에 여전히 틈이 존재하는 것이다.

호스피스 병동에 입원한 지 7일째 되는 날 젊은 장례지도사가 내게 와 물었다. 어떤 디자인의 수의와 유골함을 원하는지 말이다. 너무 지친 나머지 시종일관 입을 다물고 있

 철학자의 마지막 수업

는 나를 대신해서 가족들이 그와 이야기를 나눴다. 사실 그때 나는 혼자서 이런 생각을 했다. 사람은 태어날 때 벌거벗은 채 이 세상에 왔으니까, 나도 벌거벗은 채 이 세상을 떠나고 싶다고. 무슨 특별한 수의를 입을 필요 없이, 아담과 이브처럼 종이 속옷 하나만 대충 걸치면 충분하지 않을까 생각했다.

만일 내 마음대로 선택할 수 있다면 나는 유기질 비료 방식으로 내 삶의 마지막 한 걸음을 완성하고 싶다. 가령 미생물의 분해 과정을 통해 나의 유해를 영양물질이 풍부한 유기질 비료로 바꾸어 꽃과 나무의 자양분으로 쓰는 것이다. 물론 아직은 내 생각을 실현할 수 있는 현실적인 조건이 갖춰져 있지 않기에 그저 부모님의 뜻을 존중해서 가장 일반적인 장례 방식인 화장을 선택했다.

아마 '죽음을 회피하는 것'에서 '죽음을 축하하는 것'으로의 변화에는 오랜 시간이 필요할 것이다. 개인적인 욕심이 있다면, 이 책이 그러한 변화의 시발점이 되어 최소한 첫걸음을 내딛는 데 이바지할 수 있었으면 하는 것이다. 미국에서는 처음으로 워싱턴주가 '인간 퇴비'를 합법화한 이

래 현재까지 뉴욕주, 콜로라도주 등 10여 개 주가 그 대열
에 합류했다. 나는 언젠가는 이러한 장례 방식이 중국에서
도 널리 채택될 수 있으리라 생각한다.

다시 엠페도클레스의 시로 돌아가 "나는 한때 소년이었
고, 소녀였고, 드넓게 펼쳐진 관목 숲이었고, 한 마리 새였
고, 수면 위로 뛰어오르는 침묵의 물고기였다."라는 문장에
대해 생각해 보자. 물고기가 새로 변하면 새 또한 소년이나
소녀, 관목 숲으로 변할 것이며, 그 뒤에는 다시 침묵의 물
고기로 되돌아갈 것이다.

아마 당신은 상상할 수조차 없을 것이다. 그도 그럴 것이
평범한 사람에게 개인의 죽음이 사실은 '종'의 존재에 이바
지한다고 믿는 순간이 쉽게 찾아올 리가 만무하다. 소아(小
我)는 완전히 버리기 어려울 뿐만 아니라 굳이 그럴 필요도
없다. 하지만 한 가지 사실은 잊지 말아야 한다. 우리는 그
저 '작은' 존재가 아니라는 사실이다.

특정한 소아는 물질의 여러 우연성과 실체를 지닌 물질
적인 자아이다. 반면에 대아(大我)는 순수의식이 그 우연성
과 실체를 부정하고 벗겨냄으로써 드러나는 자아의 필연성

 철학자의 마지막 수업

이며, 이러한 필연성이 바로 자유다. 미국 철학자 토마스 네이글(Thomas Nagel)[21]은 대아를 '객관적인 자아' 혹은 '관점 없는 자아'라고 불렀는데, 이러한 진정한 자아는 보편성을 지니고 있다. 왜냐하면 자아의식을 초월하여 모든 우연성을 벗겨내려는 시도 즉, 네이글의 의식과 시각의 보편화를 시도해서 얻은 결론과 관점은, 소아에서 파생된 대아의 공통적이고 필연적인 특징을 드러내기 때문이다.

우리는 모두 주체의 소멸을 두려워한다. 죽음은 '나'만이 겪고, 그 누구도 '나'를 대신해서 겪을 수 없는 것이라고 여긴다. 사실 죽음은 번데기가 나비로 변하는 것처럼 주체가 없다. 무릇 "세상 만물은 끊임없이 변화한다." 장자는 "삶이 있으면 반드시 죽음이 있고, 죽음이 있으면 반드시 삶이 있다."라는 말했다. 사물은 태어난 순간부터 천천히 죽음을 향해 걸어간다. 마찬가지로 사물이 죽는다는 것은 곧 새로운 삶의 시작을 의미한다. 세상 만물은 끊임없이 태어나서

---

21 자유주의적 평등주의 이론을 대표하는 학자로서 환원주의와 물리주의에 대한 비판으로 잘 알려져 있다-역주

자라고, 또 끊임없이 죽어서 소멸한다.

아마 번데기가 나비로 변하는 것을 보고 "번데기가 죽고 나비가 태어났어."라고 말하는 이는 아무도 없을 것이다. 그 둘의 관계에도 "세상 만물은 끊임없이 변화한다."라는 이치가 작동하고 있다. 만일 당신이 이미 나비로 변했다면 "번데기를 어떻게 해야 하지?"하는 질문을 할 수가 없다. 번데기는 더 이상 존재하지 않으며, 이러한 부존재가 곧 생명의 전환이다. 우리가 흔히 쓰는 '뽕나무밭이 바다로 변하다.'라는 뜻의 상전벽해(桑田碧海)도 같은 이치이다. 우리는 뽕나무밭이 바다로 변했다고 이해해서는 안 된다. 뽕나무밭은 더 이상 주체가 아니기 때문이다.

『장자』의 서두에 "새로 변하다(化而爲鳥)."라는 문장도 주체가 없는 죽음이라는 특징이 있다. 곤이 붕으로 변하는 것은 자연을 이루는 모든 만물의 생과 사가 순환하는 것을 상징한다. '변화하다(化)'라는 관점에서 죽음을 봤을 때, 곤이 붕으로 변했을 때 곤은 죽었을까? 결코 아니다. 붕의 출현은 곤의 퇴장을 전제로 하고 있다. 곤은 죽지 않았을뿐더러, 붕의 육신 안에서 계속해서 생명을 이어가지도 않는다. 사

 철학자의 마지막 수업

실상 붕은 이미 곤으로 대체되었고, 이 전환 속에서 자연은 제 역할을 하고 있다. 한 가지 간단한 사실은, 죽음은 그저 자연의 과정일 뿐이라는 것이다. 우리는 죽음을 겪지 않는다. 왜냐하면 죽음은 '우리'의 것이 아니기 때문이다.

고대 그리스 철학자 에피쿠로스(Epicurus)는 「메노이케우스에게 보내는 편지」에서 이렇게 말했다. "이 세상의 모든 악(惡) 중에서 가장 두려운 죽음은 우리에게 아무것도 아니다. 우리가 존재하는 한 죽음은 우리와 함께 있지 않으며, 죽음이 오면 우리는 이미 존재하지 않기 때문이다. 죽음은 산 사람이나 죽은 사람 모두와 아무런 상관이 없다. 왜냐하면 산 사람에게는 아직 죽음이 오지 않았고, 죽은 사람은 이미 존재하지 않기 때문이다".

우리는 항상 두 가지 방식으로 자기의 생명을 대할 수 있다. 하나는 일인칭 관점이고, 또 하나는 삼인칭 관점이다. 일인칭 관점에서 보면 죽음은 두려운 것이다. 하지만 이런 일인칭 관점은 환상일 가능성이 크다. 왜냐하면 일인칭 관점에서는 자신의 생명이 복제할 수 없는 그야말로 역사와 우주 속에서 단 하나뿐인 것으로 믿기 때문이다. 이처럼 일인칭 관점은 개체 생명을 비이성적으로 강조한다. 하지만 만일 삼인칭 관점 즉, 방관자 관점에서 자기의 죽음을 본다면, 우리의 죽음은 사실 아무런 의미가 없다. 에피쿠로스 학파에서 자주 언급되는 역설이 있다. 즉, 우리가 죽음을 두려워하는 방식 자체가 논리적 모순이라는 것이다. 가령 우리는 자신의 시신이 늑대에게 갈기갈기 찢기거나 혹은 자신의 아이가 버려져서 보살핌을 받지 못하는 상황을 상상을 한다. 하지만 따지고 보면 이것들은 실제로 벌어지지 않는 일로 모두가 심각한 상상에 불과하다. 그런데 이런 상상은 곧잘 하면서 정작 삼인칭 관점에서 자기의 죽음을 보지 못한다. 마치 죽음이 '나'와는 아무런 상관이 없는 것처럼 말이다.

사실 우리는 자기의 죽음이 드넓은 우주에 미치는 영향이 매우 작고 보잘것없으며, 심지어 수면 위에 작은 물보라조차 되지 못한다는 사실을 잘 알고 있다. 나 역시 마찬가지다. 내가 죽어도 설령 가장 친한 친구 혹은 가족일지라도 다음 날이면 정상적인 생활을 할 것이며, 그 누구도 나의 죽음에 깊이 매몰되지 않을 것이다. 나도 그들이 응당 그래

     철학자의 마지막 수업

야 한다고 생각한다. 만일 당신이 나의 친구라면, 내가 죽더라도 당신이 계속해서 즐겁게 살아가기를 바란다.

죽음은 그리 대단한 것이 아니기 때문이다. 죽음은 생명의 본질이다. 우리는 그 어떤 것도 잃지 않았으며, 심지어 나의 죽음조차도 자연환경에 이바지하는 것에 불과하다. 가족의 죽음을 마주하는 것은 어쩌면 우리가 미리 하는 '죽음 연습'일지도 모른다. 오래전 할머니가 돌아가셨을 때 나는 큰 슬픔에 잠겼다. 할머니는 생전 별다른 고초를 겪지 않고 78세가 되던 해에 돌아가셨으므로, 이는 축하할 만한 일이었다. 우리는 사랑하는 사람이 죽었을 때 살아 있는 사람이 슬퍼하고, 또 그 슬픔이 오래도록 지속되는 것이 당연하다고 생각한다. 그러나 끝도 없는 슬픔에 빠져서는 안 된다. 자기 생명의 모든 것들이 그 슬픔에 뒤덮여서 지배받는다면, 그것이야말로 자기 생명에 대한 무책임한 처사다.

개체의 관점에서 보면 어쩌면 나의 생명은 태산보다 더 클지도 모른다. 하지만 거시적 관점에서 보면 나의 생명은 비록 깃털처럼 가볍다고 할 수는 없지만, 순환하는 세계의 일부인 것은 확실하다. 작더라도 크다는 것을 잊어서는 안 된다. 또한 큰 것의 의미를 이해한다면 작은 것의 의미를 무시해서는 안 된다. 왜냐하면 우리는 모두 평범한 사람이고, 저마다 가지는 평범한 감정 역시 하나같이 고귀하고, 소중히 여기며 보살필 가치가 있기 때문이다.

고대 로마의 시인이자 철학자인 루크레티우스는 『사물의 본성에 관하여』에서 우리가 죽음을 제대로 이해하지 못하고, 또 그로 인해 죽음을 두려워한다며 이렇게 비웃었다. "이제 다시는 행복한 가정도, 당신을 맞아줄 이 세상에서 가장 좋은 아내도, 당신에게 달려와 품에 안기며 입 맞추려는 사랑스러운 아이도, 당신의 마음을 어루만져 주는 고요한 행복도 없을 것이다. 또한, 이제 더 이상 순조롭게 사업의 성공을 이끌지도 못하고, 또 가정을 보호하거나 부양하지도 못한다."

우리는 자기 죽음을 떠올릴 때 자신이 고통과 상실을 겪게 될 것이라고 상상한다. 이러한 심리는 한편으로는 우리가 죽으면 더 이상 존재하지 않는다는 사실을 어느 정도 인지하고 있는 듯하다. 하지만 또 다른 한편으로는 죽음의 주체가 없으므로 우리가 죽음을 경험할 수 없다는 사실은 이해하지 못하는 것 같다. 사실상 죽음(death)에 이르는 사람은 아무도 없다. 죽음은 그저 모두에게 차례대로 찾아올 뿐이다.

당(唐) 대 대표적 유학자인 공영달(孔穎達)은 『예기(禮記)·중용(中庸)』에서 '변화하다'의 '변(變)'과 '화(化)'의 차이를 이렇게 해석했다. 처음의 점진적인 변화를 '변'이라고 하는데, 이때는 옛것과 새것이 함께 공존한다. 변화해서 옛것이 없어지고 새것이 생기는 것을 '화'라고 하는데, 옛것은 완전히 새것으로 대체된다. 죽음이 오면 하나의 사물이 순식간에 완전히 소멸하고 또 다른 사물이 나타난다. 옛것과 새것 사이에는 중단이 없다.

공영달의 간단하면서도 우아한 해석을 반대하는 사람이 있을지도 잘 모르겠다. 다만 그 요점은 매우 합리적이다. '변'이 가리키는 것은 지속적인 변화이다. 즉, 하나의 사물 혹은 하나의 주체가 일정한 변화를 겪되 그 존재는 여전히 지속된다. 이에 비해 '화'는 속성 자체가 변화할 뿐만 아니라 주체도 소멸한다. 그래서 '화'는 '불연속적 변화'라고 부를 수 있다. 불연속적 변화는 완전히 변화가 중단되는 변화의 불연속과는 다르다. 불연속적인 변화 속에서 사물의 주체는 소멸하지만, 변화 자체는 중단되거나 멈추지 않는다. 바꿔 말하면, 변화 매개체 혹은 본래의 주체는 더 이상 존재하지 않는다는 전제 아래 변화 자체는 지속해서 이루어진다는 뜻이다.

나는 '죽음'이 '변'이 아니라 '화'라고 믿는다. 불연속적인 변화로서 '화'는 대자연 자체로서의 '나'를 상징하는 것이 아닐까? 이 질문에 대해 나는 이 이상의 대답을 해줄 수 없다. 다만, 어쩌면 언젠가는 사람들이 죽음을 마주할 때 더 이상 두려움이나 암흑이 아니라 넓은 의미에서의 '거듭남'을 제일 먼저 떠올리게 될지도 모른다.

우리는 죽음을 겪지 않는다.
왜냐하면 죽음은 '우리'의 것이 아니기 때문이다.

THE LAST CLASS OF THE PHILOSOPHER

제8장

시작이 있으면
반드시 끝은 있다

사랑이란 무엇인가? 사랑은 배려다. 주체의 능동적인 퇴장이고, 또 이타적인 자기 성장이다.

사랑은 주체의 퇴장이다

청년 저는 (혹은 수많은 청년 세대는) '항상 사랑이란 뭘까?', '누군가를 어떻게 사랑해야 하지?', '서로 다른 두 사람이 어떻게 해야 짧은 인생을 잘 살 수 있을까?' 하는 생각들을 할 때가 있습니다. 선생님은 현대인의 사랑에 대해 어떻게 생각하시나요?

주루이 사랑은 우리가 생각하는 것만큼 티 없이 맑고 순수하지 않다네. 반대로 대단히 복잡한 현상이지. 젊은 시절에는 가정이든 직장이든 현실적인 문제로 인하여 사랑이란 존재의 중요성을 느끼지 못할 수도 있네. 하지만 사랑은 충분히 음미하고, 경험할 가치가 있는 것이라네. 나는 내가 해온 것을 후회한 적이 없는데, 그건 언제나 사랑을 잃지 않았기 때문이라네.

만약에 도구적인 목적으로 세상살이에 필요한 일만 하며 살아간다면, 그런 삶에는 아무런 의미가 없다네. 가령 전통적인 관념이나 주변 사람들을 의식해서 결혼을 하고 아이를 낳는 사람들이 있는데, 그건 순전히 도구지향적인 삶을 사는 셈이지. 결혼이 도구이자 목적이 되는 거야. 우리는 이러한 도구적 사고방식에서 벗어나야 하네.

나는 사랑이란 타인을 위해 사는 거라고 생각하네. 인간의 연애 관계는 바로 배려가 바탕이며, 주체의 능동적인 퇴장이고, 또 이타적인 자기 성장이지. 독일의 유명한 심리학자 빅터 프랭클(Viktor Frankl)은 의미요법(Logotherapy)을 창안했고, 실제 심리 치료 과정에서 내담자들에게 생명의 본질과 의미를 찾으라고 조언했네. 사랑한다는 건 우리가 생각하는 것보다 대단히 의미 있는 일이네. 그러므로 사랑을 피하지 말고 온몸으로 껴안고 그 안으로 깊이 들어가길 바라네. 그다음에는 자네의 사랑을 다른 사람에게 전파하는 걸세.

청년 사랑에 관해서 우리는 때로 이타주의와 상반되는 방법으로 표현하기도 합니다. 바로 소유욕인데요. 영화 「퐁네프의 연인들」를 보면 상대방을 자신의 것으로 소유함으로써 사랑을 증명하려 합니다.

주루이 소유욕 역시 사랑의 일부라네. 그건 단순히 갈등을 일으키는 것이 아니라 한층 긴장감을 고조시켜주지. 사랑은 아주 복잡한 거야. 소유욕에는 공격성이 내재돼 있으며, 배타성을 강조하지. 나는 소유욕이 없는 사랑은 과연 진정한 사랑일까 하는 의구심이 든다네.

청년 낭만주의적 사랑에 대해서는 어떻게 생각하세요?

주루이 낭만주의는 아주 위대한 사상운동으로서 역사적으로도 긍정적인 역할을 했네. 낭만주의라고 하니까 바이런(Byron)[22]이 떠오르는군. 그는 내 마음속의 영웅이야. 1810년 22세의 나이에 그는 그리스 신화 속의 두 연인을 기리기 위해 헬레스폰트 해협(지금의 다르다넬스 해협)을 혼자 헤엄쳐서 건넜다네. 그는 그리스의 독립운동에도 상당한 역할을 했지. 하지만 유럽을 떠나 그리스로 터전을 옮긴 대가로 병에 걸려 목숨을 잃고 말았어. 물론 그 덕분에 낭만주의의 영웅이 되었지만. 하지만 내가 보기에 그의 개인적인 영웅주의에는 어느 정도 편파적인 부분도 있는 것 같아. 그 속에 '나'라는 요소가 너무 많이 들어 있었기 때문이지.

청년 바이런이 선생님의 현실 속 영웅이라고 말씀하셨잖아요. 내친김에 프루스트 설문지의 질문을 하나 더 할게요. 소설 속의 등장인물 중에서 선생님의 영웅은

22　영국의 대표적인 낭만파 시인-역주

누구인가요?

주루이 『폭풍의 언덕』에 나오는 히스클리프라네. 내면이 깊
고 아주 복잡한 캐릭터지. 잔인하고 소유욕도 강하지
만 아낌없이 베푸는 순수한 면도 있어. 그와 캐서린
의 사랑은 생과 사를 넘나들며 죽어서까지 서로 함
께하지. 이러한 사랑은 가시밭길 속에서 피를 흘리게
하고, 잔인한 '유산'을 남기기 마련이지. 하지만 그런
광기, 독립성, 잔인함, 헌신이 있었기에 그가 위대한
(소설 속의 허구지만) 연인이 될 수 있었다는 사실을 인
정하지 않을 수 없어.

청년 제 생각에 영웅으로 추앙받으려면 분명 우리가 감히
엄두도 못내는 일을 과감하게 해낼 수 있는 어떤 특
별한 카리스마가 있어야 한다고 생각합니다. 선생님
은 히스클리프에게서 그런 카리스마를 느끼셨나요?

주루이 그는 사랑에 집착하는 광기도 보여줬지만, 동시에 대

단히 삶에 충실했네. 사실 우리는 직업적인 일에도 어느 정도는 이러한 태도를 지녀야 하네. 적당히 집착하고 광기도 부리고, 또 과감하면서도 변함없이 충직한 사랑을 가져야 한다네.

큰 그림을 그려야한다

청년 우리 세대의 젊은이들은 막막함을 느낄 때가 많습니다. 대학에 와서도 무엇을 배워야 할지 잘 모르죠. 무엇을 공부하고, 어떤 지식을 쌓아야 하는지 고민하기보다는 장래 계획을 세우기에 급급합니다. 요즘 저의 주변만 봐도 졸업하면 공무원 시험 준비를 한다든가, 대학원에 진학한다든가 혹은 유학을 계획하는 추세입니다. 선생님은 대학이 학생 개개인에게 지니는 진정한 의미가 무엇이라고 생각하시나요?

주루이 내 아이가 곧 대학에 입학한다네. 내가 언젠가 대학교 진학을 포기하는 게 어떠냐고 물어본 적이 있는데, 아이가 깜짝 놀라며 아무 말도 못 하더군. 그도 그럴 것이 내가 농담이 아니라 아주 진지하게 그 이야기를 꺼냈거든.

사실 대학은 특정한 역사 단계에 나타난 현상일 뿐이라네. 어쩌면 언젠가는 대학교가 사라질지도 모르지. 고대 사회에서는 대학이 없었네. 지금의 대학은 19세기 독일 문화의 영향으로 생겨난 거라네. 1810년 세계 최초로 근대 대학의 효시인 베를린대학(지금의 베를린훔볼트대학)이 설립되었네. 유명한 교육자 빌헬름 폰 훔볼트(Friedrich Wilhelm Christian Carl Ferdinand von Humboldt)가 '연구 중심' 대학 모델을 창안하고 '과학', '이성', '자유' 정신을 장려했지. 훔볼트는 '대학 자율성', '학문의 자유', '교육과 연구의 통일'을 근대 대학의 '3대 원칙'으로 대학 헌장에 포함했네.

대학은 모든 사회 기관과 마찬가지로 충족해야 할 일정한 조건과 기대치가 있네. 적어도 현재까지는 대학 진학이 젊은이들에게 다양한 사람들과 교류하고, 세

   철학자의 마지막 수업

상을 바라보며 자기 인생의 폭을 넓히는 데 크나큰 기회를 제공하고 있네. 물론 대학 진학이나 졸업 자체는 목적이 될 수가 없네. 진정한 목적은 오로지 학문을 배우고, 사고의 폭을 넓혀서 세상에 유익한 사람이 되는 거지.

그런 점에서 독서는 언제나 가장 좋은 지름길이네. 다른 사람에게 배우고, 나보다 뛰어난 사람들의 조언에 귀를 기울이다 보면 서서히 우리의 시야에 크나큰 변화가 일어나지. 우리 병실 청소부의 표현을 빌리자면, 그때가 되면 자네의 말은 단순히 '침을 튀기는 것'이 아니라 진지한 '대화'가 될 거네.

청년 독서가 일종의 지름길이라고 말씀하셨는데, 선생님은 그 지름길을 에둘러 간 적이 있나요?

주루이 물론이지. 그건 다른 사람들도 마찬가지일 걸세. 길을 에둘러 가는 게 꼭 나쁜 일이 아니고, 좌절을 겪는 것도 나쁜 일이 아니라네. 하지만 생명을 무의미하게 소모하고, 시간을 낭비하는 것은 나쁜 일이지. 나는 어릴 때 공부를 정말 싫어했네. 공부하는 게 따분하게만 느껴졌어. 그건 우등생의 고민이 아니라 열등생의 자기 위안이었네. 그러다 나중에 열다섯 살의 비교적 어린 나이에 대학교에 진학하고서야 나만의 '비상'을 시작했네. 그야말로 '윙슈트 플라잉'이었어. 나는 강의를 밥 먹듯 빼먹으면서도 온종일 책 읽기를 게을리하지 않았네. 어떨 때는 책 한 권을 하루 만에 독파하기도 했지.

나는 아이들을 교육할 때도 항상 큰 그림만 그려주네. 아이들에게 이거 해라 저거 해라 시시콜콜 알려주지 않았어. 사소한 일들은 내가 가르치는 것보다 아이들 스스로 찾아서 할 때 더 결과가 좋았거든. 다만 나는 모두가 그 큰 그림을 잊지 않았으면 하는 바람이네. 인생은 자신을 위해 사는 것이 아니라, 주변 환경과 사회를 위해서, 그리고 취약 계층에게 공헌하기 위해 사는 거라네. 하루하루를 알차고 의미 있게 보내고, 적극적으로 변화를 끌어내면서 이 세상을 한층 살기 좋은 곳으로 만드는 것, 그것이 바로 내가 생각하는 큰 그림이라네.

청년 맞습니다, 사실 우리는 모두 살아 있는 동안 자신에게 의미 있는 큰 그림을 그려야 합니다.

주루이 나는 부모가 아이를 가르칠 때 진지하게 큰 그림을 꾸준히 그려줘야 한다고 생각하네. 살아가는 데 필요한 자질구레한 요령 같은 건 중요하지 않네. 아이들은 우리보다 더 똑똑하고, 또 더 많은 걸 알고 있어서 어떻게 대처해야 하는지 이미 잘 알고 있네. 설령 모른다고 해서 우리가 가르치려 해도 그럴 수가 없네. 다만 아이들이 올바른 길을 걸어가고, 또 다른 사람들을 선하게 대하도록 이끌어줘야 하네. "선(善)이 작다고 행하지 않으면 안 되고, 악(惡)이 작다고 행해서는 안 되기" 때문이지.

진정한 자유를 찾다

청년 전에 이런 이야기를 나눈 적이 있는데요. 소크라테스는 '죽음 연습'이 바로 육체의 속박에서 벗어나 영혼을 자유롭게 하고, 더 나아가 진리와 정신적 자유를 추구하는 것이라고 말했습니다. 그런 의미의 '자유'에서 봤을 때, 철학을 직업으로 삼지 않는 사람들은 반복적인 업무 속에서 어떻게 정신적 자유를 찾을 수 있을까요?

주루이 대학과 마찬가지로 업무도 일종의 현대 사회 현상이며, 합리적 사회의 특수한 경제적 틀 아래 형성된 일종의 생산 방식이라네. 근대사회 이전에는 존재하지도 않았지. 현대인들의 내재된 두려움은 비이성적일 뿐만 아니라 흥미롭지도 않고 심지어 다소 피상적일 때가 많네. 가령 일자리에 대한 우리의 두려움은 언제나 편협하기만 하네. 일자리를 못 찾을까 봐 걱정하고, 막상 일자리를 얻고 나면 또 그걸 잃고 경제적

 철학자의 마지막 수업

수익이 사라질까 봐 두려워하지. 나는 이러한 두려움이 바로 칼 마르크스(Karl Heinrich Marx)[23]가 말한 '노동의 소외'라고 생각하네. 개인의 자주적인 활동을 육체적 생존을 유지하는 수단으로 폄하시키는 거지. 만일 우리가 육체적 생존만을 모색한다면 그것은 더할 나위 없이 간단한 일이라네. 하지만 정신적 자유는 개개인 스스로가 찾아야 해. 자기 자신을 이해하고, 욕망을 조절하고, 자기 삶의 진정한 의미가 무엇인지를 깨달아야 하지.

인생의 의미는 불확실성에 있다

주루이 지금의 나에겐 생명의 끝이 어디인지 아는 것도, 모르는 것도 큰 의미가 없는 일이라네. 나는 평소처럼 하루하루 살아갈 테니까. 평소와 다른 점이 있다면,

---

23 독일의 학자이자 사상가로서 사회주의 이론을 창시함-역주

그저 내게 남은 생명의 시간이 한 달이 채 안 될 거
라는 것이지. 하지만 정확하게 언제가 될지는 누구도
알 수 없네. 만일 내일이 어떤 하루가 될지 미리 안다
면 아마도 내일은 그 의미를 잃고 따분해질걸세. 그
래서 모른다는 것이 꼭 나쁜 일이 아닌 거야. 미지의
것은 우리에게 두려움이 아닌 호기심을 갖게 해주거
든. 그것이야말로 나를 가장 설레게 만드는 일이라
네. 앞에서 말했듯이, 대부분 과학자와 철학자, 그리
고 진리를 추구하는 사람 모두가 이처럼 끊임없이 미
지의 세계를 탐구하지.

청년 언젠가 친구가 제게 이런 질문을 했습니다. 만일 누
군가가 나의 미래를 자세히 알려줄 수 있다면, 알고
싶은지 그렇지 않은지. 저는 한참 동안 고민하다 알
고 싶지 않다고 대답했습니다. 저의 "알고 싶지 않
다."라는 말에는 두려움도 담겨 있습니다. 만일 누군
가가 저의 나쁜 미래에 대해 알려준다면, 저는 나쁜
미래를 위한 계획을 세우면서도 아무런 의미가 없다

   철학자의 마지막 수업

고 생각하겠죠. 만일 나의 운명이 다가온다면, 저는 그 운명을 맞이하기 위해 미리 준비하고 싶지는 않아요. 선생님은 어떻게 생각하세요?

주루이 나도 알고 싶지 않네. 나는 생명의 의미가 불확실성에 있다고 생각하네. 만일 모든 것이 확실하게 정해져 있다면 그게 무슨 의미가 있겠는가? 내가 보기에 불확실성이야말로 생명의 활력이자, 열정, 사랑, 관심…… 이 모든 것들의 원천인 것 같아. 하지만 만일 생명이 확정되어 있다면 우리는 그 어떤 선택의 여지도 없이 묵묵히 받아들일 수밖에 없지. 그렇게 된다면 자유도 '윙슈트 플라잉'도 없겠지, 승마는 더더구나 없을 테고.

청년 그럼 점성술은 어떻게 생각하십니까? 많은 젊은이들이 타로카드나 점괘, 별자리 등을 통해 자기의 미래를 점치는 걸 좋아하잖아요. 제 주변의 친구들도 졸업 후 진로나 결혼 시기 등을 점성술을 통해 점치는

걸 좋아해요. 근데 제 생각에는 그렇게 점성술에 의
존하는 심리 뒤편에 불안감이 자리 잡고 있다는 생각
이 듭니다. "앞으로 어떤 일들이 벌어질지 전혀 모른
다는 게 너무 두려우니까, 이 점괘를 바탕으로 내 인
생 계획을 세워야 한다."와 같은 불안감들이지요.

주루이 나는 점괘의 의미가 무엇인지 잘 모르네. 하지만 자
네 말처럼 그걸 통해 인생 계획을 세워서 생존 전략
으로 삼는다면 나름대로 의미가 있겠지. 하지만 점
괘가 과연 내 운명을 말해줄 수 있을까? 나의 운명은
정말 점괘를 통해서 점칠 수 있는 걸까? 나는 그건
일종의 게임이라고 생각하네. 제아무리 진지하게 게
임을 해도 결국 게임이지 않은가? 마치 유러피언컵
대회처럼 말이야. 2, 3주 전까지만 해도 밤을 새워 축
구 경기를 봤는데, 지금은 그럴 힘도 없군. 그것은 트
로피를 들어올리는 것과 같은 삶의 즐거움이고 일종
의 상상이지.

철학자의 마지막 수업

청년 선생님은 트로피를 들어올리는 것이 일종의 상상이
라고 생각하시나요? 저는 그렇게 생각하지 않는데요.

주루이 『사피엔스』에서 말했듯이, 우리 모두가 그 가치를 인
정할 때만이 비로소 의미가 있어진다네. 가령 지폐도
본질적으로는 아무런 가치가 없네. 모두가 달러에 대
한 신뢰를 잃게 되면 그건 휴지 조각이 되고 말아. 하
지만 모두가 달러는 가치가 있다고 인정하면 곧 가치
가 생기는 거지.

대략 100년 전 네덜란드 역사학자였던 요한 하위징
아(Johan Huizinga)는 『호모 루덴스』에서 매우 흥미로
운 주장을 펼쳤네. 그는 노동을 제외하면 놀이야말로
인간이라는 용어에서 중요한 자리를 차지해야 한다
고 말일세. 그 개념은 플라톤 시대로 거슬러 올라가
네. 어떤 의미에서 보면, 유러피언컵 대회와 인류의
점성술은 사람들이 진지하게 즐기는 게임이라고 할
수 있네. 이 게임에 빠져 있을 때 우리는 놀이하는 인
간의 면모를 드러내는 거지. 이른바 "활시위를 죄었

다 늦췄다 하는 것도 도(道)이다."라는 말처럼 개개인
이 가진 양면성은 상호작용을 하네. 내가 유러피언컵
대회를 보는 재미는 바로 즐거움 그 자체에 있네. "모
두가 기뻐하면 나도 기쁘다."라는 말처럼 함께 기쁨
과 즐거움을 공유하는 거지.

자기만의 세상

청년 선생님은 인생에서 가장 혼란스러웠던 시기가 언제
였나요?

주루이 중년 무렵이었지. 그때는 가정과 직장 사이에서 갈
등을 겪고 있어 더 이상 생활에 온전한 자율성을 가
질 수가 없을 때였어. 아이를 돌보는 일과 직장 일 사
이에서 균형을 맞추기가 힘들었네. 아이를 챙기는 데
많은 시간을 쏟아부어야 해서 업무 일정까지 차질을
빚었네. 당시 가장 절실하게 느꼈던 것은 시간이 부

　　　　　　　　　　　　　철학자의 마지막 수업

족하다는 거였어. 눈에 보이는 건 끔찍한 교통 체증 뿐이었지. 매번 아이들을 학교에 늦게 데려다줄 때마다 아이가 또 지각하겠구나 하는 생각에 기분이 엉망진창이 되곤 했어. 하지만 이제 와서 돌이켜보니 불필요한 혼란이었던 것 같네. 지금은 아이들 얼굴을 볼 수 있다는 것만으로도 너무 행복하다네.

청년 요즘 젊은 부부 중에는 좋은 환경, 즉 양육할 충분한 능력이 없는 상태에서 아이를 낳는 것이 이기적인 선택이 아닐까 걱정하는 이들이 많습니다. 선생님도 그런 걱정을 하셨나요? 나중에는 그런 걱정을 어떻게 극복하셨는지요? 또 부모와 자녀의 관계에 대해 나누고 싶은 이야기는 없나요?

주루이 첫 아이를 낳을 때 나는 기대감에 잔뜩 부풀었다네. 둘째가 태어날 즈음에는 큰아이가 서너 살이었는데, 나는 그때까지도 어린아이를 키우는 데 익숙하지 않아서 때로는 회의감에 빠지기도 했네. 그때는 아이들이 커서 어떤 모습일지 상상할 여유가 없었다네. 그저 눈에 보이는 거라곤 교통 체증으로 도로를 꽉 메운 차들과 나를 위한 시간이 너무 부족하다는 느낌뿐이었지. 하지만 시간이 지나면서 그러한 의구심이나 걱정이 완전히 사라지더군. 특히 자녀의 교육에 대해서 모두에게 약간의 조언을 하고 싶네.

첫째, 아이의 자존감을 길러줘야 하네. 무릇 인간의 존엄성은 절대로 함부로 훼손되어서는 안 되고, 다른 사람이 자신의 존엄을 짓밟도록 허용해서도, 자신 역시 언제 어디서나 스스로의 존엄을 지켜야 한다고 알려줘야 하네.

둘째, 많은 책을 읽고 많은 곳을 여행 다니며 다양한 세계를 경험시켜줘야 하네.

셋째, 오로지 자기 자신만을 위하는 것이 아니라, 사회와 타인을 위한 삶을 살 수 있도록 해줘야 하네.

넷째, 이건 매우 중요한 건데, 어릴 때부터 자기의 외적 이미지를 관리할 수 있도록 일깨워줘야 하네. 특히 공공장소에서 예의범절을 지킬 수 있도록 가르쳐

 철학자의 마지막 수업

야 하네.

다섯째, 재미있는 영혼의 소유자로 길러야 하네.

여섯째, 언제 어디서든 타인을 존중하는 법을 가르쳐야 하네. 상대방이 고위 관료든 청소부든 지위의 높낮이를 따지지 않고 모든 사람을 존중할 수 있도록 말이야.

부모들에게 마지막으로 당부하고 싶은 것은, 아이가 어른보다 더 똑똑하고 수용 능력도 훨씬 뛰어나다는 사실이라네. 아이들이 부모의 생각보다 더 잘 해낼 수 있다는 것을 믿어야 하네. 그러므로 아이들에게 함부로 말로 상처를 줘서는 안 되네. 아이가 좌절을 겪는 일 또한 결코 나쁜 일이 아니야. 대신 아이가 신중하게 친구를 사귀고, 나쁜 사람과는 어울리지 않도록 일깨워주면서 어른들이 잘 보호해야겠지.

많은 부모가 아이들이 거짓말을 하는 이유를 이해하지 못하지. 사실 아이들이 거짓말을 하는 것은 지극히 정상적인 일이네. 거짓말은 아이큐가 발달하고 있다는 일종의 신호이기도 하거든. 다만 아이들이 자기 자신을 속이는 일은 없도록 해야 하네. 어른이 돼서 사회생활을 할 때는 자기 자신을 속이는 일이 작은 거짓말보다 훨씬 해롭기 때문이지.

부모와 자녀 사이의 신용은 한층 중요하네. 가령 아이에게 오늘은 피아노를 1시간 친 뒤에는 하고 싶은 일을 해도 된다고 약속했다면, 그 약속은 반드시 지켜야 하네. 대신 아이가 약속대로 따르는지는 신경 쓰거나, 감독할 필요도 없고, 또 슬그머니 엿볼 필요도 없네. 아이라고 해서 함부로 사생활을 침범해서는 안 되지. 대신 약속을 지켰는지 따져볼 때, 만일 아이가 피아노를 치지 않았다면 자신 자신도 할 말이 없을 걸세. 사전에 약속한 일을 아이가 지키지 않았다면 그것은 아이의 결정이지 부모의 결정이 아닐세. 다시 말해서 그 약속 실행의 주체는 부모가 아니고 아이라는 뜻이지. 부모는 그저 감독자일 뿐이야.

따라서 우리는 반드시 아이의 존엄을 존중하고 신뢰하며, 때로는 아이가 실수를 저지르는 것을 허용해야 하네. 더불어 아이가 신용을 지키고, 자기 자신을 속

 철학자의 마지막 수업

이지 않는 습관을 기르도록 도와줘야 하네. 만일 아이가 숙제한다고 말했는데도 하지 않는다면, 그것은 아이가 자신을 속인 것이지. 그럴 때 나라면 아이에게 이렇게 말을 해줄걸세. "네가 엄마 아빠를 속이는 것은 괜찮아. 하지만 네가 그 일을 하겠다고 말했으면 반드시 자기가 뱉은 말을 존중해야 해."

한편, 많은 부모가 아이의 일기를 몰래 훔쳐보고, 또 권위적인 방식으로 아이가 열심히 공부하는지 검사를 하지. 나는 이러한 방법이 잘못되었다고 생각하네. 그 대신 아이에게 이렇게 말해줄 수 있지. "나는 너를 믿기 때문에 네가 하는 일에 간섭하지 않아." 사실 아이를 키우는 것이 결코 쉬운 일이 아니지. 나도 아이들을 이해하고 양육하는 데 익숙해지기까지 많은 시간이 필요했네. 이건 부모와 아이가 함께 노력해야 하네. "내가 이렇게 하는 것은 너를 위해서야."라는 말도 함부로 해서는 안 돼. 아이 본인의 의지를 항상 최우선으로 존중하고, 아이의 요구사항을 최대한 충족시키면서 아이를 자랑스럽게 여겨야 하네. 부모는 아이를 존중하는 법을 배우되, 아이 역시 부모를 존중하는 법을 가르쳐야 해. 만일 부모의 말에 신용이 없다면 아이 역시 부모를 존중하지 않을 걸세.

청년 만일 지금 다시 강의실로 돌아갈 수 있다면, 학생들에게 어떤 당부를 하고 싶은가요?

주루이 첫째, 인생에 절대로 극복할 수 없는 고난은 없네. 설령 그것이 죽음일지라도 말이야. 둘째, 소아에 갇혀 있지 말고 사회에 이바지해야 한다는 사실을 항상 기억해야 하네. 셋째, 다른 사람을 선하게 대해야 하네. 자신의 이익을 위해 다른 사람의 이익을 해쳐서는 안 돼.

나는 석박사 과정의 학생들을 지도하면서 이런 말을 했네. 학문을 하는 것은 고통의 바다를 항해하는 것과 같아서 강인한 인내력이 필요하다고 말일세. 그래서 사실 학문은 누구나 할 수 있는 것이 아니며, 심지어 대부분의 사람에게 적합하지 않은 일이라고도 할 수 있어. 하지만 일단 그 길을 선택했다면, 반드시 주도적으로 다양한 책들을 많이 읽으라고 말해주고 싶네. 그러면 언젠가는 그 고통의 바다에서 충만감과 깨달음을 얻게 될 걸세.

나는 학기 중에 '네이쥐안(內券)[24]'과 '탕핑(躺平)[25]'이 요즘 젊은 세대들의 최대 고민이라는 사실을 발견했네. 그래서 2024년 6월 23일 중국 런민대학교 졸업식과 학위수여식에서 그에 관한 나의 견해를 피력했네. 내가 보기에 '네이쥐안'이 욕망의 게임이라면, '탕핑'은 욕망이 아주 낮거나 아예 없는 생존 상태라고 할 수 있네. 이 둘은 마치 거짓된 딜레마처럼 보이네. 왜냐하면 욕망 메커니즘 이면의 원리만 잘 이해한다면 우리는 두 극단적인 선택지 외에 제3의 시나리오를 찾아볼 수 있으니 말이네. 즉, 욕망은 크고 내적 소모

---

24 실업률이 나날이 증가하는 상황에서 억척스럽게 상승을 추구하지만, 무한경쟁에 내몰려 극도의 혼란 상태에서 헤매는 청년 부류를 일컫는 신조어-역자

25 취업을 포기한 채 집에서 빈둥거리며 드러누워 스마트폰이나 만지는 젊은 세대를 지칭하는 신조어-역자

는 작은 조화로운 사회이지.

프랑스 철학자 르네 지라르(Rene Girard)는 이러한 가상의 사례를 든 적이 있네. 남자아이가 자기 방 안으로 들어가는데, 방 안은 온통 장난감으로 가득하지만 아이는 어떤 걸 골라야 할지 몰라서 망설이네. 그러다 손이 가는 대로 자동차 장난감 하나를 집어 들었다가 다시 내려놓고 다른 장난감을 집어 들려는 찰나에 어린 여동생이 방 안으로 들어오네. 여동생은 오빠 손에 들린 자동차 장난감을 보고서는 달라고 조르지만, 남자아이는 주기 싫어하지. 결국 두 아이는 말다툼을 벌이다 싸움으로 번지고 마네.

이것은 지라르가 모방 욕망 이론을 설명하기 위해 세운 가상의 시나리오라네. 지라르가 생각하기에 어른과 아이 모두 욕망 메커니즘이 작동하고 있다는 것이지. 사실 우리 대부분의 욕망은 사회생활을 통해 타인의 욕망을 모방한 결과로 형성된다네. 남자아이는 원래 그 자동차 장난감에 큰 관심이 없었지만, 여동생이 달라고 했기에 포기하고 싶지 않아졌고, 여동

 철학자의 마지막 수업

생도 마찬가지지. 우리는 자신이 무엇을 원하는지 잘 모른다네. 즉, 욕망이 사물의 가치와 아무런 관련이 없을 때, 우리는 무언가 갖고 싶다는 자기 내부의 자발성이나 본능이 아닌, 사회적 모델의 행동과 욕망을 모방하며 그대로 흉내를 내게 된다는 것이야. 그로 말미암아 갈등과 충돌이 생기고, 더 나아가서는 전쟁까지 벌이는 것이지. 이것이 바로 지라르의 '모방 욕망' 이론의 핵심이라네.

그렇다면 이른바 '네이쥐안'이 이러한 모방 욕망 메커니즘에 해당하는 건 아닌지 살펴볼 필요가 있네. 나는 개인적으로 젊은 세대가 '네이쥐안' 현상에 빠지는 것이 자원은 부족한데 사람은 너무 많아서라기보다는, 우리의 욕망이 외부 메커니즘에 의해 단일화되었기 때문이라 생각한다네. 위의 사례에서 봤던 어린 남매처럼 하나의 대상을 놓고 무의미한 다툼을 벌이는 것과 같지.

반대로, 만일 우리가 자기 자신이 무엇을 원하는지 정확히 알고, 또 자신의 욕망과 사물의 가치를 진정으로 연계시킬 수 있다면, 아마도 우리는 자연스럽게 욕망의 다원화를 끌어낼 수 있을 것이라네. 사회의 욕망이 다원화되면 이른바 자원의 부족 역시 상대적으로 완화되고, 사람들 간의 갈등 역시 그에 따라 완화되겠지. 또한, 우리는 욕망을 키우고 발전시키는 동시에 욕망 메커니즘에 대한 자율성을 개선하여 욕망은 크고 내적 소모는 작은 조화로운 사회를 만들어 갈 수 있다네.

마지막으로 앞으로 여러분이 어디에 있든, 대도시에 살든 시골에 살든, 사회 각계각층의 주요 인사로 활발하게 살아가든 아니면 평범한 소시민으로 소소하게 살아가든, 사회적 지위가 높든 낮든, 영향력이 크든 작든 상관없네. 혹은 붕처럼 하늘 높이 구만리까지 솟구쳐 올라 남쪽 바다를 향하든, 힘껏 날아올라도 겨우 몇 길 올랐다가 내려앉고 쑥대 사이를 누비고 다니는 것이 고작이면서도 "저것은 어디로 가려는 건가?"라며 붕을 비웃는 참새의 풍류나 만족감에 젖어 살든 상관없지. 나는 모두가 자기만의 세상을

찾을 수 있기를 바라네. 당신의 선량함, 지혜, 그리고
강인한 인내심은 그 세상을 찬란하게 빛내줄 테니까.
바로 당신 덕분에.

너에게 보내는 마지막 인사

주루이, 대학 시절 이메일을 주고받을 때처럼 너의 이름 앞에 '사랑하는'이라는 말을 덧붙이고 싶다. 하지만 이제 왠지 '존경하는'이라는 말을 써야 할 것 같아. 왜냐하면 마지막 20일 동안의 너는 나의 사랑하는 동생일 뿐만 아니라 내가 존경하는 스승이 되어줬으니까.

너는 네게 남은 시간이 얼마 남지 않았다는 것을 알고 병상에 누워 내 팔에 너의 팔을 포갠 채 이렇게 당부했었지. "누나, 잘 살아야 해. 건강하게 오래오래 살아." 나는 너를 안심시키고 싶어서 이렇게 말했어. "그렇게 할게. 너는 내 옆에서, 그리고 아이들 옆에서 살게 될 거야. 무슨 일이 생길 때마다 잊지 않고 이야기해 줄게."

이제 네가 병을 앓는 동안 함께 보냈던 시간들부터 이야기를 나눠 보자.

자연이라는 책을 읽다

그날 나는 너에게 소변량이 중요한 생명 지표라며 이제부터는 그것에 주의를 기울여야 한다고 설명했어. 그랬더니 너는 내 말에 문득 프랑스 현지 신문에 실린 공공화장실에 관한 기사를 읽었던 기억을 떠올렸어. 그 기사의 제목이 "나는 소변을 본다, 고로 나는 존재한다."였지. 프랑스는 기차역이든 공공도서관이든, 화장실을 이용하려면 50센트를 내야 한댔지. 그리고 볼일을 보고 나면 다음 사람이 이용할 수 있게 문이 꽉 닫히지 않도록 조심한다고 했어. 너는 그것도 시민 사회의 단결 정신을 보여주는 거라고 감탄했지. 나는 그 말에 웃음을 터트리며 이렇게 말했어. "그렇다면 오줌은 생리 지표일 뿐만 아니라 철학, 정치, 사회의 매개 변수구나! 그것 말고 다른 여행 이야기는 또 없니?"

너는 체코와 그리스, 아이슬란드를 여행했던 이야기를 차례로 들려줬어. 너는 체코에서 여성 전용 객실에 잘못 탄 이야기도 해줬어. 객실 승무원이 두 여성 승객과 몇 분간 이야기를 나누고는 곧 자리를 떠났는데, 알고 보니 객실 승무원이 두 여성 승객에게 외국 남성 여행객이 객실을 잘못 탔는데 함께 앉아가도 괜찮겠냐고 물었고, 두 사람은 개의치 않는다고 대답했다지. 두 여성 중의 한 사람은 체코의 유명 여배우였는데, 언제가 중국 양저우(揚州)의 미술관 개막식에 참석한 적이 있다고 했어. 또 한 여성은 우크라이나 출신이었고. 체코 여배우가 기차에서 내린 뒤 너는 우크라이나 여성과 많은 이야기를 나눴어. 초췌한 얼굴에 슬픔과 무력감으로 가득한 말투의 그녀는, 네가 그리스에서 마주친 알바니아인과 닮았다고 했어. 그때 너는 그녀를 통해 삶의 고달픔을 또 한 번 절실하게 느꼈다고 했지.

너는 그리스는 너의 정신적 고향과도 다름없다고 했어. 단기 연수생들을 인솔해 그리스에 머물렀을 때, 고대 유적지 절벽의 한 면을 잘라봤던 경험도 여러 번 들려줬어. 10여 년 전에는 한동안 모넴바시아(Monemvasia)에 머물렀었지.

     철학자의 마지막 수업

그곳은 스파르타(Spartan)와도 가깝고, 또 그리스 신화에 나오는 하데스의 지옥의 입구라고 불리는 디로스(Diros) 동굴과도 멀지 않았어. 절벽 위의 성은 대단히 웅장했고, 절벽 끝에는 중세 시대 수도원이 자리 잡고 있었어. 수천 피트 아래는 짙고 푸른 광활한 바다가 펼쳐져 있었고…….

아이슬란드는 예로부터 외세의 침입을 받은 적이 없어서 지금까지도 군대조차 없다고 알려줬었어. 아이슬란드어는 고대 노르드어[26]와 굉장히 유사하며, 현재 전 세계에서 대략 33만 명만 사용하고 있다지.

'글루가베뒤르(Gluggaveður)'는 '창문 날씨'라는 뜻으로 창문으로 내다보기에는 따듯하고 화창한 날씨지만 실제로는 매섭게 추운 날씨를 가리킨다는 이야기도 해줬어. 우리는 '창문 날씨'라는 단어를 떠올리는 날이면 그 주제로 많은 이야기를 나누었지. 지역과 언어, 사물과 자아, 마음과 몸 등은 우리 이야기의 주된 맥락이었고, "베이징의 겨울은

---

26 북게르만어군에 속하는 고대 언어로서 스칸디나비아와 바이킹이 정복한 해외 정착지에서 널리 사용되었다—역주

눈부신 햇살 아래로 매서운 바람이 몰아칠 때가 많으니 '창문 날씨'라고도 할 수 있겠지?" 언젠가 내가 물으니 너는 아이슬란드의 추억을 들려줬어. 아이슬란드에서 트래킹하며 짙은 안개로 길을 잃었다가 강줄기를 따라 겨우 빠져나온 적이 있다고. 또, 차를 몰고 피오르를 돌았는데, 창밖으로 보이는 깊은 협곡이 섬뜩할 만큼 무시무시했다지. 차에서 내려 빙하를 오르려다 경험이 부족한 탓에 포기했다고 했어. 너는 안타까워하며 북극에 가까울수록 춥고 황량하며 인적조차 드문 삭막한 광경에서 '생명의 험준함과 장엄함'을 곳곳에서 느꼈다고 말했어.

아이슬란드에서는 화산 폭발이 자주 일어나고 그곳의 온천수에는 유황 냄새가 가득하다지. 10여 년 전에 에이야퍄들라이외퀴들(Eyjafjallajökull) 화산 폭발로 유럽 상공의 항공편이 마비된 적이 있는데, 뉴스가 전해질 때마다 세계 각지의 뉴스 앵커들은 '에이야퍄들라이외퀴들'이라는 길고 생소한 단어의 발음에 어려움을 겪었지. 아이슬란드에서는 "오늘은 화산이 폭발하지 않네요, 참 따분한 하루예요."라는 말이 인사말이라는 것도 알려줬어.

　　　　　　　　　　철학자의 마지막 수업

잠시 쉬고 난 뒤 너는 비행기에서 찍은 알프스 산맥 사진을 보여주며 공부할 때 매주 항공편으로 워싱턴과 시카고를 오가던 중의 경험담을 얘기해줬어. 한 번은 항공기가 난기류를 만나 심하게 요동치면서 금방이라도 추락할 것만 같은 상황에 마주했다지. 기내는 쥐 죽은 듯 조용했고, 어른들은 공포에 떨고 있는데, 예닐곱 살쯤 되는 아이들 세 명만이 잔뜩 흥분한 채 깔깔거리며 소리쳤다고 했지. "엄마, 엄마, 롤러코스터 타는 것 같아요!" 당시 너는 딱 한 가지 생각만 했다고 했어. 나부터 살자고 다른 사람은 죽든지 말든지 내팽개치고서는 자신의 비열함을 깨닫는 일은 없도록 하자라고 말이야. 너는 나의 눈을 보고 이렇게 강조했지. 우리는 죽음을 두려워할 것이 아니라 결정적인 순간에 자신의 형편없는 본성이 드러나는 것을 두려워해야 한다고.

너는 등산을 하며 해와 달, 산과 강, 산봉우리와 협곡의 아름다움을 누렸던 시간들을 시적인 정취를 담아 되돌아봤어. 때때로 자연의 아름다움을 즐겼지만, 그보다는 자연의 광활하고 험준한 장엄함에 더 푹 빠졌었지. 언젠가 해질

녘에 만리장성에 올라가 느낀 감정들을 위챗(중국판 카카오톡)에 올린 적이 있는데 많은 이들이 네 글을 보고 깊은 인상을 받았지. "차가운 바람이 매섭게 몰아치고 운무가 춤을 춘다. 적막하고 쓸쓸하지만 슬피 떨구는 시인의 울적함 따위는 없다. 나는 인적을 찾아볼 수 없는 이곳에서 홀로 어둠을 즐기는 것이 너무도 좋다. 귀신의 울음소리를 듣고 싶은 마음마저 든다. 어차피 내 발아래는 고대 전쟁터가 아니던가." 그때 너에게 '걸어 다니는 철학자'라는 별명이 생겼지.

너는 이런 말도 했어. "나는 대자연이라는 책을 자유롭게 읽을 수 있어." 대자연은 너의 책이고, 너의 집이었다. 어린 시절 너는 하루 종일 밖에서 시간을 보내기 일쑤였어. 숲과 나무들이 일찌감치 너에게 생명의 순환을 알려주었고, 고향의 산과 들이 너의 호기심을 키우고, 고향의 땅이 너의 용기를 길러주었던 것 같아. 자연의 자양분이 네가 남들과는 다른 특별하고 흥미로운 인생길을 끝까지 걸어갈 수 있게 해준 것 같더구나. 네가 발을 디뎠던 그 산과 강은 너의 정신세계와 함께 어우러져 빛을 내고 있어. 너의 기억을 따

　　　　　　　　철학자의 마지막 수업

라가다 보니 나도 너의 푸른 하늘과 흰 구름, 하늘을 나는 새와 고목, 그리고 층층이 쌓인 거석들, 또 바다로 흘러드는 강물이 보이는 것 같아.

생명의 마지막 수업

언젠가 이런 말도 했었지? 대자연은 후각, 촉각, 청각 등의 감각기관을 활성화하고, 등산은 한계를 뛰어넘은 넓은 시야를 가져다준다고. 너는 종종 철학적 고찰에서 벽에 부딪혀 '고산병' 증세를 느끼면 즉흥적으로 서재를 박차고 나가 진짜 자연의 산봉우리를 오르곤 했어. 홀로 산을 오르기도 하고, 혹은 사상적 이견을 가진 친구와 함께 오르기도 했어.

너는 산을 오르는 것도 좋아했지만, 역대 성현들의 철학 사상의 봉우리를 오르는 것도 즐겼지. 대학 시절부터 너는 잔뜩 굶주린 아이처럼 책의 바다에 빠져 지냈어. 8년 전 안식년 때는 집에서 온종일 책만 읽는 통에 새 의자가 부서지기도 했지. 독서와 사유활동은 너의 생명 그 자체이자 삶의 방식이고, 또 너와 이 세상의 연결 고리였어.

호스피스 병동에 입원해 있는 동안 온라인 가족회의에서 촨촨(川川)과 언언(恩恩)은 아빠와 "on the same page(같은 생각이다)."라는 표현을 쓴 적이 있었지. 나는 그 말을 "같은 페이지를 읽고 있다."라는 의미로 이해하고 싶어.

네가 병을 앓으면서 날마다 정오가 되면 촨촨과 언언은 너와 영상 통화를 하며 일상적인 대학 생활 이야기를 나눴지. 촨촨이 한번은 네가 미국에서 발표한 철학 논문을 읽고 와서 그 주제로 토론을 하기도 했어. 한 번은 너희 부자가 수학 문제로 평소보다 오랫동안 이야기를 나누던 게 기억난다. 촨촨이 한번은 통화를 하면서도 계속해서 수학 공식을 풀었어. 누가 질문을 하고 누가 해답을 알려줬는지 알 수 없었지만, 네가 여러 차례 촨촨의 말에 고개를 끄덕이더구나. 이따금 언언이 침대 옆에서 피아노곡을 연주할 때마다 나는 감탄하곤 했어. 너희 부자의 마음이 화음을 이루는 음표 같고, 하나의 악보 같고, 또 서로 화답하듯이 소리를 내는 악기 같았어. 얘들이 나에게 그러더구나. 아빠가 너무나 자랑스럽다고. 아빠의 지식이 참으로 깊고, 또 마음을 터

놓고 꿈을 이야기할 수 있을 정도로 넓다고. 또, 아빠가 올바른 사람이 되는 법을 가르쳐줬다고 말했지.

항암치료 기간에도 너는 하루도 빠지지 않고 올림픽 공원을 산책했어. 그러다 점차 기력이 떨어지자 접이식 캔버스 의자를 사서 중간중간 쉬면서 산책을 했지. 한번은 갑자기 좋은 아이디어가 떠올랐다며 공원 의자에 앉은 채 인터넷으로 원격 회의를 열어 학생들과 의견 교환을 하기도 했지. 그날 학생들과의 대화에 졸업한 지 오래된 청강생도 끼어 있었는데, 나중에 그런 이야기를 하더구나. 예전에 강의 시간에 자기가 좋아하는 책을 들먹인 일을 네가 기억하고 있어서 크게 감동했다고.

너는 아픈 가운데서도 가끔 내가 책을 읽어주면 눈을 감고 들었지. 한번은 알도 레오폴드(Aldo Leopold)27의 『샌드 카운티 연감』을 읽을 때였어. 너는 미국에서 강의할 때 이 작가의 문헌을 설명한 적이 있다며 이야기를 들려줬어. 그때 너의 얼굴에 넘실대던 젊은 활기는 그 시절 강단에 선

---

27 미국의 생태학자이자 환경윤리학자-역주

너의 모습을 비춰주는 듯했어. "늙은 상수리나무는 단순한 나무가 아닙니다. 그것은 역사 도서관이자 극장 안의 빈 좌석이라고 할 수 있습니다……." 나는 잠시 책을 놓고 너에게 말했지. 너는 내 동생이자 나의 스승이고, 또 언제든지 펼쳐볼 수 있는 백과사전이라고. 너는 아무 말 없이 웃기만 했어. 어쩌면 너는 아직까지도 그 시절 그 강단에 머물러 있었는지도 몰라.

우리는 누구나 반드시 '생명의 마지막 수업'을 수료해야 한다지. 그 수업을 듣게 되었을 때 너는 학생이자, 선생이고, 또 한 권의 책이었어. 너의 친구가 이런 말을 했어. 물감이나 문자, 음표를 재료로 삼는 여느 예술가와는 달리, 너는 몸으로 작품을 쓰고, 생명을 재료로 삼아 자기의 세계를 창조했다고.

언젠가 이홍과 인터뷰를 하던 그날 오후에, 너는 고대 그리스 철학자 엠페도클레스와 미국 시인 메리 엘리자베스 프라이(Mary Elizabeth Frye)의 시를 연달아 낭독했어. 그 시들을 재차 낭송하며 내 휴대폰에 녹음해달라고 했지. 그러고는 '거듭남'에 대한 너의 해석을 설명해 줬어. "타자의 죽

　철학자의 마지막 수업

음에서 생명이 피어나고, 죽어서 타자의 생명을 만든다."라
는 끝없는 순환, 곧 대자연의 순환이라고 했지. 그날 오후의
시 낭송은 나의 생명 깊은 곳에 각인되어 새로운 나로 거듭
나게 했단다.

인터뷰를 끝내고는 유난히 지친 듯 기쳐 보이는 너의 모
습이 마치 차분하게 마지막 순간을 맞이하는 듯했어. 그런
데 뜻밖에도 중학교 시절 단짝 친구 주칭(九慶)이 찾아오자
너의 얼굴에 다시 생기가 돌더구나. 너는 주칭에게 몸을 일
으켜 달라고 부탁하면서 또 다른 한편으로는 주칭이 너에
게 읽으라고 건넨 『삼국연의』에 푹 빠져드는 바람에 네가
청춘을 허비했다고 장난스러운 표정으로 투덜댔지. 그때
너는 마치 타임머신 버튼을 눌러 중학생으로 돌아간 듯 큰
소리로 『삼국연의』의 한 구절을 줄줄 암송했어. 우리는 그
암송의 즐거움에 젖어 3일 후면 네가 우리와 영원히 작별
한다는 사실을 도무지 믿지 못했지.

네가 세상을 떠나고 한 달이 지났을 거야. 스승의 날을 하
루 앞두고 너의 철학과 후배이자 〈런민르바오(人民日報)〉 기
자인 쑹페이가 취재팀과 함께 '작별을 위한 독서회'를 녹화

했단다. 너에게 익숙한 철학과 건물 앞 잔디밭에서 샤오리 교수님, 징후이, 그리고 학생들이 서로 무릎을 맞대고 앉아 책을 읽고 난 소감과 생각들을 나누었어. 그리고 너를 위해 빈 의자 하나를 놓았단다. 그날 독서회가 끝나고 모두 자리를 뜨려는데 한 줄기 햇살이 그 빈 의자를 비췄단다.

그 이야기를 전해 듣는 순간 나는 '극장 안의 빈 좌석'이 퍼뜩 떠올랐어. 왠지 네가 줄곧 나와 함께 있다는 느낌이 들더구나. 어린 시절 숨바꼭질할 때처럼 "누나! 누나! 나 여기 있어!"라고 소리치는 것 같기도 하고, 때로는 습관처럼 왼쪽 팔을 내 어깨에 두르며 나를 일깨워주는 것 같기도 하고, 내 옆의 빈 의자에 앉아 아직 미완성인 채로 남아 있는 책 원고를 쓰고 있는 것 같기도 해.

마지막 인사

가족회의는 의료진과 자원봉사자의 주도 아래 이뤄지는 환자와 환자 가족들의 소통의 장이었어. 너의 가족회의는 온라인으로 진행되었지. 의사는 너의 병세를 간단히 설명한 뒤 너에게 물었지. "내가 왜 이 병에 걸렸지?", "이 병에 걸린 사람이 왜 하필 나일까?"라는 생각을 한 적이 있냐고. 너는 그런 적이 없다고 솔직하게 대답했어. 그리고 인과관계가 네가 연구하는 주제 중의 하나라며 원인에서 결과를 찾는 것은 상대적으로 쉽지만, 결과에서 원인을 추론하는 데는 숙련된 전문가의 세심한 탐구가 필요하다고 덧붙였지. 추측건대 의사가 그런 질문을 한 것은 아마 환자가 자기 부정이나 혹은 자책감을 품고 있는 건 아닌지 알고 싶었던 것 같아. 너는 그 긴 과정 동안 한 번도 머뭇거린 적이 없었어. 그저 네가 놓인 상황에 대한 호기심과 탐구심만 있었지.

의사가 또다시 물었어. "죽음에 대한 설명을 듣고 싶으신가요?" 너는 단호하게 아니라고 답했어. 사실 나는 '왜 궁금하지 않지?' 하고 걱정했단다. 하지만 이내 깨달았지. 너는 의학적인, 혹은 생리학적인 보편적 관점에서 죽음에 대한 지식이 필요 없었던 거야. 너는 지금 죽음의 과정을 지나고 있고, 이미 죽음을 경험하고 있으니까. 바로 너 자신이 증명해 보이고 있었으니까.

이어서 의사는 앞으로 너의 몸 상태가 어떻게 변할지 단계적으로 설명해 주면서 어떤 의료적인 조치를 선택하고 싶은지 물었어. 너는 하나하나 구체적이고 명확하게 대답했지. 촨촨과 언언도 아빠와 "같은 생각이다(on the same page)."라고 대답했고, 부모님과 오빠도 너의 선택을 존중해 주셨어.

아이들이 얼마 전에 다녀간 걸 알고 의사는 부모님도 마지막으로 너를 보러 오시기를 원하냐고 물었지. 너는 당연히 원하지만 영상 통화도 일종의 만남이라고 했어. 그리고 너는 지금껏 따듯한 가족의 보살핌을 받으며 살아왔고, 이제는 공원묘지에서 부모님 곁에 함께 있을 거라고 말했어. 고향에 계시는 어머니와 아버지의 연세가 너무 많으셔서 이곳까지 오느라 고생하실 필요 없다며 형이 부모님 대신 올라오면 좋겠다고 했지.

하지만 의사는 그 문제만큼은 네가 결정할 문제가 아니라며 노부모님의 솔직한 심정을 들어야 한다고 했어. 이때 숨을 죽이며 흐느끼는 엄마의 울음소리에 너의 얼굴이 부드

　　철학자의 마지막 수업

럽고 온화한 표정으로 변했어. 그때 나는 가족들 모두의 마음이 너에 대한 사랑과 슬픔으로 일렁이는 소리가 들리는 것 같았단다. 마침내 아버지가 차분하게 말씀하셨어. "주루이, 너는 예전에 1%의 가능성을 100%의 성공으로 만든 적이 있다. 우리는 지금도 네가 기적처럼 회복할 가능성이 아직 남아 있다고 믿고 있단다. 네 엄마와 나는 인터넷으로 네가 병에 걸렸다는 사실을 알고부터 줄곧 네 옆에서 함께 있고 싶었지만 네가 원하지를 않았는데, 오늘도 마찬가지구나. 하지만 우리의 마음은 항상 너와 함께 있다. 네가 원한다면 우리는 언제든지 네 옆으로 갈 테다."

의료진과 자원봉사자가 병실을 떠난 뒤 너는 영상 속의 가족들을 향해 두 손을 추켜들고 엄지척을 했지. 그러고는 탄식하며 말했어. "이런 부모님을 만난 우리는 정말 행운아인 것 같아. 연세 많은 노인분이 이렇듯 정이 넘치면서도 이성을 잃지 않기는 정말 힘들지. 감정은 물론 소중하지만 감정의 소용돌이에 휘말려서는 안 돼. 이성이 그 감정들을 균형 있게 조절할 수 있도록 해야 해. 이성과 감정이 조화를 이루는 게 가장 좋아."

그날 우리는 함께 가족사진을 봤어. 너의 집, 고향의 부모님 집, 그리고 내 집 사진들을. 너는 집 창밖의 풍경을 하나하나 자세히 설명해줬어. 가끔씩 찾아오는 사슴과 고요한 호수, 고탑과 새로 심긴 나무들. 나는 안단다. 너의 둥지는 집 안에도 있지만 또 창밖에도 있다는걸. 가족회의에 참석하지 않은 자연 만물 역시 너의 가족이고, 또 정신적 가족들도 무척 많다는걸.

즐겁게 작별 인사를 하다

1인실로 옮긴 뒤 너는 지인들의 방문을 허락했지. 류샤오리 교수님, 텐펑 선배, 류창 교수님과 첸화 교수 부부, 또 철학과 쨩펑위 학장님, 그리고 '서버 아트'의 친구들이 차례로 너의 병상을 찾아왔어. 너는 그분들과 '버킷 리스트'를 달성한 이야기, 아이들에 대한 걱정, 그리고 아이 엄마에 대한 신뢰와 감사함을 털어놨어. 또 아버지가 너의 묘비에 새기려고 준비한 여섯 글자를 소개하며 설명을 해줬지.

　철학자의 마지막 수업

그리고 너 자신에게는 하루를 더 살거나 아니면 좀 더 일찍 죽거나 똑같이 기뻐할 만한 일이라며 너의 마음을 공유했어. 너는 그들에게 인생에서 가장 소중한 것은 진정한 사랑이고, 이처럼 병상 앞에서 대화를 나누는 이 시간이 너무 행복하고 즐겁다며 죽은 뒤에 고별식은 열지 않겠다고 말했지.

여름방학을 맞아 고향에 내려갔던 학생들도 너를 보러 왔었지. 학생들은 최근에 읽었던 책들과 리포트 진행 상황을 너에게 보고했고, 또 너의 당부에 귀를 기울였어. 조급해하지 말고, 선량하고 용감하고, 끈기 있게 살라고. 소아에 갇혀 살지 말고 타인에게 관심을 갖고 사회에 기여하라고 너는 당부했지. 과 사무실의 리징후이는 여러 차례 너를 찾아왔었지. 지금까지도 나를 도와 너의 뒷일을 세심하게 처리해 주고 있단다.

지인들이 너를 찾아올 때마다 꽃을 가져왔고, 또 작별할 때마다 정신의 나무에 새순이 돋고 영혼의 꽃이 조용히 피어나는 것을 보았단다. 네가 비쩍 마른 두 손으로 꽃다발을 높이 추켜든 사진이 인터넷에 공개된 뒤에 수많은 네티

즌이 너의 표정에 감동하고, 또 너로 인해 눈부시게 빛나는 병실에 감탄했어.

마지막 며칠 동안은 너는 친구들의 목소리를 듣고 싶어 했지. 류창 교수님은 길가에서 큰 소리로 노래 부르는 동영상을 녹음했고, 텐핑 선배는 하모니카 연주 동영상을 보내면서 네 옆에서 하모니카를 불어주고 싶다고 말했어. 너의 쾌유를 기도하는 친구들이 올드 랭 사인(Auld Lang Syne)[28]을 합창한 동영상을 보내주기도 했어.

오늘도 그 영원한 마음의 선율이 계속해서 생의 계곡에 울려 퍼지는 것을 너도 나처럼 듣고 있을 거라 믿는단다.

진정한 사랑은 강물처럼 흐른다

네가 병을 앓으면서 우리는 교수님과 동기들, 동료들, 그리고 여러 지인의 따듯한 온정과 보살핌을 한층 더 느끼게 되

---

28 작별을 뜻하는 스코틀랜드의 민요-역주

었어. 친구들이 서로 협력하여 도와준 덕분에 너는 곧바로 호스피스 병동에 입원할 수 있었어. 하이덴 병원의 친위안 주임이 위급한 상태의 너를 흔쾌히 받아들여줬지.

인지 철학을 연구하는 친구들은 너의 정신적 유산을 걱정하며 너의 책과 철학적 사고가 담긴 연구 성과물을 공동으로 정리하여 출간하는 일을 의논했단다. 이를 위해 여러 교수와 네가 지도했던 박사 과정 학생 세 명은 특별히 위챗 단톡방도 개설했어. 그 소식을 전해 들은 너는 그들에 대한 감사의 마음을 나에게 털어놓았고, 또 계면쩍게 웃으며 변명하듯 말했어. 원래는 나중에 좀 더 좋은 책을 쓸 수 있을 거라 여겼다지. 전에 발표했던 연구 성과물에 부족함을 느끼며 기존의 것들을 끊임없이 의심하고, 새로운 사유를 시도하며 보다 나은 자신으로 거듭나려고 자신을 단련했다고. 한데 이렇게 급작스럽게 병이 찾아와서 너무 아쉽다고. 나는 너의 손을 가볍게 토닥이며 말했지. 말을 삼가는 것이 네가 신성한 영역으로 보는 학술적인 태도에 어울린다고, 이처럼 정신적인 가족들이 있기에 너의 생명은 육신에만 국한되지 않을 거라고 말이야.

이 책은 네가 투병 중에 가장 완성하고 싶어 했던 거야. 병세가 급작스레 악화되어 언제든지 위독해질 수 있다는 말을 듣고 너는 곧장 이홍 기자에게 연락해서 인터뷰를 요청했어. 너는 이 젊은 기자의 도움을 빌려 너의 강의 내용을 정리해서 더욱 많은 사람들과 생명과 죽음에 대한 철학적 사고와 체험을 공유하고 싶어 했어. 너는 나에게 이런 말을 했었지. 연로하신 부모님에 대한 걱정만 아니었다면 확진을 받은 날부터 너의 일상의 변화를 글로 써서 온라인에서 공유했을 거라고. 왜냐하면 그것이 생명에 대한 존중과 관심이라고 느껴졌기 때문이라고 했어. 인터뷰가 끝난 뒤 너는 어느 정도는 바람을 이뤘다고 안도감을 드러냈지.

중신 출판그룹의 편집장 한샤오와 편집자 천쯔모, 그리고 이홍 기자가 함께 머리를 맞대고 많은 노력을 기울여줬어. 너의 사상을 온전하게 보여주기 위해 예전에 네가 다른 곳에서 발표했던 수많은 강의 내용을 수집해서 정리했단다. 또 철학적인 내용에 독자들이 좀 더 쉽게 접근할 수 있도록 여러 가지 방안을 모색했어. 그들은 내게 생명과 자기 일을 열정적으로 사랑하는 방식을 보여줬단다. 또한 네가 줄곧 강조했던 "소아에 갇혀 있지 말고 사회에 기여하라."
라는 것이 무엇인지도 직접 보게 해줬어. 그들과 쑹페이는
네가 직장 밖에서 만난 정신적 가족이었단다.

　주루이, 너는 풍성한 사랑 속에서 떠났다. 너는 담담하고
차분하게 죽음을 맞이했어. 미소를 머금고 떠났더랬지. 너
는 자신이 그저 한 방울의 물이 아니라, '소아를 초월하는'
진정한 사랑의 강줄기로 흘러들어 '타인에게 관심을 갖는'
행복의 원천에 둥지를 틀었다는 사실을 알고 있을 거야. 진
정한 사랑이 흐르는 영혼의 강은 광활한 바다로 끊임없이
흘러갈 거야. 그리고 너는 수면 위로 뛰어오르는 침묵의 물
고기가 되겠지. 나중에 또 이야기 나누자.

누나 주쑤메이

「내 무덤 앞에서 울지 말아요」

메리 엘리자베스 프라이

내 무덤 앞에서 울지 말아요.

난 거기에 잠들어 있지 않아요.

나는 천 개의 바람이 되어 흘러 다니고,

눈송이 되어 다이아몬드처럼 빛나며.

햇빛이 되어 익어가는 곡식들을 비추고 있어요.

당신이 아침의 고요 속에서 깨어날 때.

나는 가을비 되어 내리고 있어요.

아름답게 원을 그리며 나는

새들의 날갯짓 속에 있으며.

밤하늘 별빛 되어 빛나고 있어요.

-주루이가 호스피스 병동에서 번역하다.

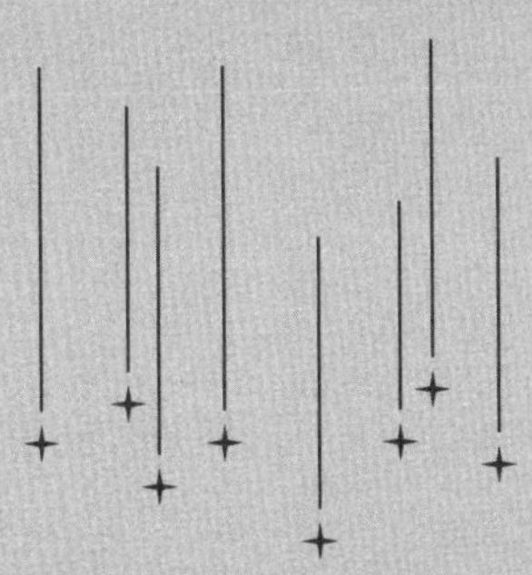

그것은 바로 여기, 우리집, 우리 자신인 것이다. 우리가 사랑하는 사람, 아는 사람, 소문으로 들었던 사람, 그 모든 사람은 그 위에 있거나, 또는 있었던 것이다. 사냥꾼과 약탈자, 영웅과 겁쟁이, 문명의 창조자와 파괴자, 왕과 농민, 서로 사랑하는 남녀, 어머니와 아버지, 앞날이 촉망되는 아이들, 발명가와 개척자, 윤리·도덕의 교사들, 부패한 정치가들, '슈퍼스타', '초인적 지도자', 성자와 죄인 등 인류의 역사에서 그 모든 것의 총합이 여기에, 이 햇빛 속에 떠도는 먼지와 같은 작은 천체에 살았던 것이다.

- 칼 세이건, 『창백한 푸른 점』 중에서

주루이 촬영, 〈바람〉, 2021년
2021년 11월, 휘날리는 나뭇가지를 통해 바람을 찍고 싶었는데, 한 마리 새가 역풍을 타고 날아왔다.

철학자의 마지막 수업

1판 1쇄 인쇄 2025년 12월 21일
1판 1쇄 발행 2026년 1월 2일

지은이 주루이
옮긴이 하진이

발행인 황민호
본부장 박정훈
책임편집 최경민
기획편집 김선림 신주식 윤혜림
마케팅 이승아
국제판권 이주은 김은정
제작 최택순 성시원

발행처 대원씨아이㈜
주소 서울특별시 용산구 한강대로15길 9-12
전화 (02)2071-2019
팩스 (02)749-2105
등록 제3-563호
등록일자 1992년 5월 11일

www.dwci.co.kr

ISBN 979-11-423-4045-1 (03100)

**"마지막으로 한번 더 강연을 할 수 있다면
어떤 이야기를 해주고 싶으신가요?"**

첫째, 인생에 절대로 극복할 수 없는 고난은 없네.
설령 그게 죽음일지라도 말이지.

둘째, 소아에 갇혀 있지 말고 사회에
이바지해야 한다는 것을 항상 기억하게.

셋째, 자신의 이익을 위해 다른 사람에게 피해를 입혀서는 안 되네.
다른 사람을 선하게 대해야 해.

마지막으로, 나는 모두가 자기만의 세상을
찾을 수 있기를 바라네.

**당신의 선량함, 지혜, 그리고 강인한 인내심이
그 세상을 찬란하게 빛내줄 테니. 바로, 당신 덕분에.**